数字经济下的绿色消费
——影响因素及促进机制

靳 杰 著

图书在版编目（CIP）数据

数字经济下的绿色消费：影响因素及促进机制/靳杰著. —北京：知识产权出版社，2022.8
ISBN 978-7-5130-8275-4

Ⅰ.①数… Ⅱ.①靳… Ⅲ.①绿色消费－消费者行为论－研究 Ⅳ.①F036.3
中国版本图书馆CIP数据核字（2022）第142848号

内容简介

本书从消费心理学角度提出了移动互联网环境下绿色消费行为决策概念模型，剖析了电子商务环境下消费者消费渠道选择及其对环境可能造成的不同影响，分析了绿色标志产品认证对绿色消费的促进作用和对认证企业进行有效监管的机制，并对借助先进的信息技术手段和管理模式创新促进消费者绿色标志产品消费行为的机制进行了探索。本书的内容拓展了消费者绿色消费行为的研究视角，促进了数字经济理论与可持续发展理论的融合，可为消费者行为、可持续供应链及绿色标志产品认证等领域的学者和研究人员提供参考与借鉴。

责任编辑：张雪梅　　　　　　　　　责任印制：王浩霖
封面设计：曹来

数字经济下的绿色消费——影响因素及促进机制
SHUZI JINGJI XIA DE LÜSE XIAOFEI——YINGXIANG YINSU JI CUJIN JIZHI

靳杰　著

出版发行：知识产权出版社有限责任公司	网　　址：http://www.ipph.cn
电　　话：010－82004826	http://www.laichushu.com
社　　址：北京市海淀区气象路50号院	邮　　编：100081
责编电话：010－82000860转8171	责编邮箱：laichushu@cnipr.com
发行电话：010－82000860转8101	发行传真：010－82000893
印　　刷：北京中献拓方科技发展有限公司	经　　销：新华书店、各大网上书店及相关专业书店
开　　本：720mm×1000mm　1/16	印　　张：8
版　　次：2022年8月第1版	印　　次：2022年8月第1次印刷
字　　数：140千字	定　　价：59.00元
ISBN 978-7-5130-8275-4	

出版权专有　侵权必究
如有印装质量问题，本社负责调换。

前　　言

毫无疑问，伴随着工业文明而兴起的消费主义给人类带来了很多美好的东西，但如今，人类不得不思考如何将这份美好持续下去。显然，地球已经不堪重负。绿色消费是引导企业转变生产方式，构建可持续发展模式的重要渠道。越来越多的政府部门、企业和科研机构认识到绿色消费的重要性，并对绿色消费的理念进行倡导。然而现实中，绿色产品的销量并不尽如人意，很多消费者虽然对于绿色消费持正面态度，但是这些积极性并没有反映到其实际消费行为中。

为了更好地促进绿色消费的发展，消除绿色消费意识和实际消费行为之间的转化瓶颈，本书对绿色消费的影响因素及其促进机制展开了研究。在信息技术快速发展的当下，一方面，很多消费者在互联网环境下购物，其决策机制与传统的线下渠道并不完全相同；另一方面，云计算、物联网及大数据等技术为研究消费者行为提供了更多的工具与途径。在这样的背景下，有必要对传统的绿色消费理论进行研究和拓展。

本书的部分研究工作是笔者在北京航空航天大学经济管理学院攻读博士学位期间完成的，在此向导师赵秋红教授表示衷心的感谢。赵老师在学习和工作方面给予笔者大量的指导和帮助，对笔者的人生观和治学观都产生了重要的影响，本书的出版离不开赵老师的指导。笔者现工作单位太原理工大学经济管理学院栗继祖、李玮、陈怀超、姚西龙等师长在本书写作过程中提出了很多有益的建议，在此一并表示感谢。

本书的出版得到国家自然科学基金创新研究群体项目"绿色导向的社会经济复杂系统管理决策"（项目编号：72021001）和山西省哲学社会科学规划课题"生态脆弱贫困地区非规模化畜禽养殖废弃物治理研究——以山西省吕梁市为例"（项目编号：2020YY030）的资助，在此表示感谢！

由于笔者水平和写作时间等所限，书中难免存在不足之处，敬请读者批评指正。

目　录

第1章　绪　论 ·· 1
　1.1　研究背景 ·· 1
　1.2　研究思路 ·· 2
　1.3　内容架构 ·· 4

第2章　绿色消费领域研究现状及发展方向 ··· 7
　2.1　核心概念的界定 ·· 7
　2.2　消费者行为理论 ·· 8
　2.3　绿色营销理论 ··· 11
　2.4　消费者渠道选择及其环境影响 ··· 13
　2.5　绿色消费影响因素 ·· 13
　2.6　绿色消费态度-行为分离 ··· 17
　2.7　现有研究评述 ··· 19

第3章　消费者绿色消费行为心理影响因素分析 ······························· 21
　3.1　问题背景 ·· 21
　3.2　中国环境标志简介 ·· 23
　3.3　理论假设与概念模型 ··· 25
　　3.3.1　问卷设计 ··· 25
　　3.3.2　数据收集 ··· 26
　　3.3.3　测量模型验证 ·· 27
　3.4　研究模型 ·· 28
　　3.4.1　计划行为理论 ·· 29
　　3.4.2　主观规范 ··· 29

  3.4.3 环境意识 ……………………………………………………… 30
  3.4.4 健康意识 ……………………………………………………… 30
 3.5 数据分析结果 ………………………………………………………… 31
 3.6 移动互联网环境下消费者低碳消费行为研究 ……………………… 33

第4章 数字化环境下消费渠道选择及其环境影响 …………………… 36
 4.1 问题背景 ……………………………………………………………… 36
 4.2 定义假设和参数 ……………………………………………………… 37
 4.3 模型构建 ……………………………………………………………… 40
  4.3.1 实体渠道情境 ………………………………………………… 40
  4.3.2 双渠道情境 …………………………………………………… 42
 4.4 数值分析 ……………………………………………………………… 44
 4.5 分析讨论 ……………………………………………………………… 48

第5章 绿色标志产品认证及其对绿色消费的促进作用 ………………… 50
 5.1 问题背景 ……………………………………………………………… 50
 5.2 绿色标志认证发展现状及存在的问题 ……………………………… 52
 5.3 促进绿色标志认证发展的思路 ……………………………………… 56

第6章 绿色标志认证企业监管机制 ……………………………………… 58
 6.1 问题背景 ……………………………………………………………… 58
 6.2 定义假设和参数 ……………………………………………………… 59
 6.3 监管模型构建 ………………………………………………………… 60
 6.4 演化均衡状态分析 …………………………………………………… 64
 6.5 数值分析 ……………………………………………………………… 68
  6.5.1 系统均衡状态分析验证 ……………………………………… 68
  6.5.2 灵敏度分析 …………………………………………………… 69
 6.6 分析讨论 ……………………………………………………………… 72

第7章 数字化环境下绿色消费促进机制设计 …………………………… 74
 7.1 问题背景 ……………………………………………………………… 74
 7.2 定义假设和参数 ……………………………………………………… 74
 7.3 政府部门-绿色认证企业-消费者博弈模型构建 …………………… 76

7.4 基于系统动力学的模型分析 ··· 79
   7.4.1 绿色消费演化博弈系统动力学模型 ····························· 80
   7.4.2 绿色消费演化博弈有效稳定性促进机制设计 ················· 84
7.5 分析讨论 ·· 87

第8章 智慧监管与定量激励驱动下的绿色消费发展机制 ············· 89
8.1 智慧监管与中国市场监管创新 ··· 89
8.2 绿色消费行为激励及其数字化演进 ··································· 90
8.3 智慧监管与定量激励驱动下绿色标志产品消费促进机制 ········· 92
   8.3.1 智慧监管理论视角下绿色认证企业监管模式及其运行机制 ··· 92
   8.3.2 数字化环境下消费者绿色消费激励机制选择偏好研究 ······ 95
   8.3.3 绿色积分交易模式下智慧监管与定量激励的协同机制 ······ 97
8.4 研究展望 ·· 99

附录A 绿色消费行为心理影响因素分析调查问卷 ····················· 102
附录B 不同条件下局部均衡点状态分析 ································ 105
参考文献 ··· 108

第1章 绪　论

大自然不会欺骗我们，欺骗我们的往往是我们自己。

——（法）卢梭

1.1　研究背景

当前，世界上很多国家和地区面临着不同程度的环境问题，如空气污染导致的雾霾、被有毒化学物质和重金属污染的水体和土壤、温室气体超量排放导致的全球变暖等。这些环境问题不但对人们的身体健康造成了威胁，而且严重影响着人类社会的可持续发展[1-4]。如何在发展经济的同时尽可能地保护环境，实现人与自然的和谐共处，是各国政府、企业和学术界持续关注的一个重要问题。

20世纪以来盛行的以追求感官满足、大量消耗资源和过度消费为特点的消费主义被认为是导致当前环境恶化的主要原因之一[5]。这种消费模式往往以资源的大量消耗和环境污染为代价。随着生态环境的持续恶化，人们开始认识到这种消费方式是不合理与不可持续的。提倡适度消费、减少排放和降低资源消耗的绿色消费逐渐受到重视，并被认为是转变经济增长方式、实现可持续发展的必由之路[6,7]。

消费者是绿色消费的终端环节。随着全球范围内消费市场由卖方市场向买方市场转变，消费者对于整个供应链的影响力日趋上升，消费者的绿色消费行为在节约资源和减少排放中所起的作用也越来越重要。一方面，消费者对于绿色产品的选择有助于减少环境污染和资源消耗[8,9]；另一方面，消费者的绿色消费行为有助于促使企业采用更加环保的生产方式[10,11]。这两个方面相互影响、相互促进，形成正向的反馈激励，从而推动了绿色消费的发展。在消费者环保意识提升、企业经营谋求转型的大背景下，政府部门和相关环境政策研究机构可以据此制定相应的政策和引导机制，促使企业和消费者减少生产和消费过程中的排放，实现经济增长和环境保护的良性互动,推动整个社会的可持续发展。

在各国政府、相关机构和组织的大力倡导下,绿色消费市场规模总体呈增长趋势。但是截至目前,绿色产品在市场上的占有率还不高,很多消费者虽然对绿色产品持积极态度,但是这种积极态度并没有反映到实际的购买行为中[12]。为了更好地促进消费者的绿色消费行为,实现消费者消费方式转变和企业生产方式转型,有必要对关于消费者绿色消费行为的影响因素展开研究并提出相应的引导机制。

目前,在数字经济环境下绿色消费发展实践方面,已经有部分企业和研究机构进行了一些有益的探索。例如,从2016年开始,阿里巴巴集团旗下的蚂蚁科技集团股份有限公司(蚂蚁金服)平台用户可以选择开通个人"碳账户"——蚂蚁森林,通过购买低碳标识产品、使用环保快递包装及选择共享交通工具出行等方式参与到节能减排中[13]。国外也有研究者在借助移动端应用服务系统推动个人碳交易发展方面做过一些尝试[14,15]。但是总体来看,这些企业和研究机构在移动互联网环境下的绿色消费促进方案设计方面,对消费者的异质性缺乏考虑,相关措施的有效性也有待进一步验证。

1.2 研究思路

理论研究方面,在绿色消费和数字经济领域,很多学者已经进行了大量具有参考价值的研究,但还少有研究者跨越这两个领域的边界对相关概念进行综合考虑。在移动互联网环境下,一方面,消费者的决策路径和消费行为影响因素与传统购物环境有明显差异[16];另一方面,新兴信息技术的发展与完善为消费者的绿色消费行为研究带来了新的机遇[17,18]。在这样的背景下,研究如何借助移动互联网的相关技术和应用服务系统对消费者的绿色消费行为进行激励,不但可以切实减少污染,而且有利于推动数字化和信息化在节能减排领域的落地,助力经济发展模式转型。

人类的行为本来就是复杂多变的。在现实场景中,个体的行为受到心理、生理和周围环境等多重因素的影响。同样,消费者在绿色消费行为决策的过程中,其行为选择也受到多方面因素的影响。关于绿色消费行为的影响因素,国内外学者开展了大量有意义的工作。有研究者认为应该从能源经济学、营销学和环境科学等视角展开分析[19],也有研究者认为可以从利益关注、道德规范、非理性因素和情境因素四个大的方面对消费者的低碳行为进行研究[20]。在本书中，笔者以消费者为核心对象，将影响绿色消费的因素划分为内部因素和外部因素两个大的方面。

影响消费者绿色消费行为的内部因素主要包括消费者的行为心理因素和人口统计学特征。例如，很多关于消费者行为心理因素的研究表明消费者的绿色消费行为受到其主观环境态度的影响。如果消费者具有较高的环保意识和环境责任意识，则其更倾向于选择对环境友好的产品和服务[21,22]。其中，女性、收入和教育水平较高的群体更容易表现出积极的环境态度[23]。很多研究表明，消费者的感知行为控制及周围重要社会关系（如父母、配偶和亲密的朋友等）对于环保的态度和认知等也会对其绿色消费行为产生影响[24-26]。

目前虽然已经有很多研究者对于影响消费者绿色消费行为的内部因素展开了研究，但大多数研究局限于消费者个体，没有将消费者置于具体的社会情境中。事实上，消费者总是处于特定的社会关系网络中，消费者的个体行为在很大程度上受到情境因素的影响和调节。例如，一方面，虽然消费者对于购买绿色产品持积极态度，但假如其对绿色产品标识缺乏信任，其购买的意愿会显著下降[27,28]；另一方面，一些消费者会出于安全和健康的考虑购买有机食品，尽管其对于环境问题并不太关心[29-31]。因此，在研究消费者绿色消费影响因素时，结合具体的情境将使得研究结果的现实指导意义更强。

影响消费者绿色消费行为的外部因素主要来自政府、生产企业及新闻媒体等。这些外部因素之间存在相互作用，并且这些相互作用关系会最终反映到产品的价格、质量和获取的难易程度等方面，进而对消费者的选择产生影响。例如，产品价格是消费者购买选择中考虑的一个重要因素。一般情况下，相比普通产品，绿色产品往往需要执行更高的生产标准，加工制造过程中耗费的人力物力更多，因此其价格普遍较高[32]。对于企业来说，生产绿色产品往往需要一定的前期投入，如技术研发、绿色标志申请和认证费用等。但是消费者对于绿色产品溢价能否接受？生产绿色产品能否提升企业的竞争力？面对这些未知因素，很多企业在进行绿色投资时都会犹豫[33]。

从政府的角度来说，企业转变生产方式、消费者购买绿色产品都会产生正向的环境外部效应。为了消除企业的顾虑，政府部门可以对企业的绿色投资行为进行鼓励，通过相关补贴、税收减免和技术支持等引导企业转变生产方式，降低绿色产品的生产成本。对于消费者，政府部门则可以通过媒体宣传、舆论引导和直接补贴等方式对其绿色消费行为进行激励,从而促进绿色消费的发展[34,35]。除了价格,绿色产品获取的难易程度也在很大程度上影响了消费者的购买行为。绿色产品获取的难易程度可以从两个维度定义。

维度1：目前市场上绿色产品的种类相对较少,购买渠道有限,消费者为了购买绿色产品往往需要付出更多的时间和精力。同等情况下,如果消费者为了获取绿色产品需要付出额外的时间和精力,则绿色产品对于消费者的吸引力会下降[36]。

维度2：当前绿色产品的定义还比较模糊,存在绿色标志滥用的现象,市场上混乱的绿色产品认证体系使得消费者很难分清各个体系间的区别。由于对绿色产品标识的使用缺乏监督,消费者并不能确定自己所购买的产品是不是真正的绿色产品,导致消费者对于绿色产品标识的信任度降低,进而影响了消费者的绿色消费行为[27,28]。

因此,不同于以往将研究的着力点放在消费者个体上,本书中笔者将消费者的绿色消费行为视作政府、企业和消费者相互作用的结果。本书将重点研究如何理顺政府、企业和消费者之间的关系,以期为形成企业积极投入、政府合理引导和消费者乐于消费的良好局面提供政策建议,促进绿色消费体系的发展。

以往很多关于消费者绿色消费行为选择的研究中,对于消费者的异质性考虑较少。事实上,市场上不同类型的消费者同时存在,其分布也不尽相同,这也导致同样的政策在不同结构的市场上可能产生不同的效果。大多数研究提出的对于消费者绿色消费行为的引导机制限于政府和消费者之间,对于政府如何引导企业行为、树立良好的市场规范的研究还比较缺乏。

1.3 内容架构

随着互联网和移动支付的迅速兴起,越来越多的消费者选择在互联网上购物。在网络环境下,消费者的决策路径和考虑的因素与实体渠道有很多不同之处。由于产品类型、包装和配送方式不同,不同渠道下的购买行为对环境也会造成不同的影响。目前相关的研究文献还比较少,因此有必要对如何引导消费者使用更加绿色、环保的渠道进行消费展开研究。随着大数据、云计算和物联网等技术的发展,可以对消费者的绿色消费行为进行更加细致和多维的观察与分析,在这种背景下，如何通过技术的手段对各个信息平台进行整合，进而设计更加合理、有效的引导机制，也亟须展开研究。

基于以上论述，本书主要包含以下几部分内容。

(1) 绿色消费领域研究现状及发展方向

主要分析国内外绿色消费研究领域的进展，对相关研究内容进行梳理和归纳，提炼绿色消费领域值得关注的问题和研究方向，并制订本书的研究路线。

(2) 消费者绿色消费行为影响因素分析

基于拓展的计划行为理论，综合考虑消费者的环境态度、健康和安全意识、感知行为控制、主观规范和对绿色消费的态度等因素对于消费者购买行为意向的影响，探究情境因素和消费者自身因素之间的相互作用，为政府精准制定政策和企业的策略选择提供理论依据和行动建议。

(3) 不同渠道下、不同类型消费者消费行为环境影响及绿色消费行为的促进措施

通过构建政府、企业和消费者相互作用关系模型，考虑不同的市场结构对企业策略和政府政策的影响；分析当市场上消费者类型的比例和分布不同时，企业和消费者选择不同策略导致的不同期望收益，以及政府应该如何调整策略来引导消费者和企业，从而实现更加环保的生产和消费模式。

(4) 绿色标志及其对绿色消费的促进作用

绿色认证标志是绿色消费中一个重要的概念。绿色认证标志是国家或其他组织对于企业绿色生产行为的认定，也是消费者识别绿色产品的一个重要手段。绿色标志是企业和消费者之间绿色信息传递的重要渠道。本书将对绿色标志发展历程、存在的问题及数字化环境下的发展路径等相关问题进行阐述。

(5) 绿色标志认证企业监管机制

有研究显示，消费者对于绿色产品标识的不信任是影响其购买的一个主要因素[37,38]。规范企业行为，加强绿色标识的使用监督有助于提升消费者信心，促进其绿色消费行为[39]。已有的绿色消费的研究提出的政策建议主要针对政府通过税收或其他经济激励政策引导企业和消费者的行为，对政府对于绿色认证标识使用的监管及绿色认证管理体系塑造方面的研究较少。本书将应用演化博弈模型对政府和绿色认证企业之间的相互作用关系进行分析，探讨如何消除政府和绿色认证企业间的双重边际效应，提升消费者对于绿色产品标识的信任度，进而促进消费者的绿色消费行为。

（6）数字经济环境下绿色消费促进机制设计

考虑消费者的参与及其影响，构建政府、绿色标志认证企业和消费者的三方博弈模型，应用演化博弈方法分析三者之间的相互作用。在当前移动支付和网络购物的大背景下，结合大数据、云计算和物联网等技术发展应用实践，研究如何通过激励机制的创新设计协调三者之间的关系，实现在政府部门尽量少监管的情况下，绿色标志认证企业严格执行标准，消费者积极购买的稳定、均衡的状态。

（7）智慧监管与定量激励驱动下绿色消费发展机制研究框架

首先依据智慧监管理论，探索"双随机、一公开"制度在绿色认证企业监管中的推行模式，然后分析消费者对绿色标志产品定量化激励方式的选择偏好及各种激励方式的适用情境，最后提出智慧监管模式与定量化激励在促进绿色标志认证发展中的协同应用机制研究框架。

第 2 章 绿色消费领域研究现状及发展方向

如果你希望现在与过去不同，请研究过去。

——（荷兰）巴鲁赫·斯宾诺沙

2.1 核心概念的界定

要对绿色消费行为展开研究，首先要明晰绿色消费的定义。绿色消费（green consumption）这一概念最早由英国学者艾灵顿（Elkington）和赫尔斯（Hailes）在其著作《绿色消费指南：从洗发水到香槟酒，买出来的好环境》（*The Green Consumer Guide: from Shampoo to Champagne: High-Street Shopping for a Better Environment*）中提出。他们将绿色消费定义为避免使用下列商品的一种消费：①危害到消费者自身和他人健康的商品；②在生产、使用和丢弃时造成严重环境污染的商品；③远远超过产品使用性能的过度包装的商品；④使用出自稀有动物或自然资源的商品；⑤含有对动物残酷或不必要的剥夺而生产的商品；⑥对其他国家尤其是发展中国家有不利影响的商品[40]。随着传统的工业文明带来的生产和消费模式的弊端如过度消耗自然资源、污染自然环境和破坏生态平衡等被人们逐渐认识到，绿色消费的思想得到了全世界的广泛认同与响应[6,41]。

卡尔森（Carlson）等将绿色消费定义为消费者购买、使用或处置产品时考虑自身行为对环境的影响，尽量做到最小化负面影响、最大化长期利益[42]。绿色消费的概念被提出后，"适度消费""可持续消费""生态消费""低碳消费"等相关概念相继被提出。这些概念尝试从不同的角度出发解决工业消费模式的问题，但都存在某些不足。目前国际上普遍认可的是绿色消费"5R"原则：节约资源、减少污染（reduce），绿色生活、环保选购（revaluate），重复使用、多次利用（reuse），分类回收、循环再生（recycle），保护自然、万物共存（rescue）[8]。

从诞生之日起，绿色消费就被认为是转变经济增长方式、实现可持续发展的重要途径。在研究如何促进绿色消费方面，国内外很多学者做了大量有意义的工作[41]，但很多研究关注点主要集中在消费阶段。事实上，虽然消费者是绿色消费行为的主体，但是消费者总是处于具体的社会环境之中，消费者的绿色消费行为选择是内、外部因素互相作用的结果。将消费者置于具体的情境中，考虑内、外部作用的交互关系，将使得研究结论更加具有现实意义和指导价值。此外，信息技术的发展和消费者消费习惯的改变给绿色消费研究带来了新的挑战和机遇。在新的趋势和背景下如何促进绿色消费的发展也是本书关注的重点。

2.2 消费者行为理论

结合 2.1 节中绿色消费的定义，可以将消费者的绿色消费行为理解为消费者在购买、使用和处置产品时，考虑到对环境的影响，尽量选择对环境影响较小的绿色产品。从本质上说，消费者的绿色消费行为仍在消费者行为理论的范畴之内，在研究消费者的绿色消费行为时离不开经典的消费者行为理论和框架。

消费者行为（consumer behavior）可以理解为消费者个体或群体为满足需要与欲望在购买目标商品或服务时所采取的各种行动及决定购买行为的决策过程[43]。在 20 世纪 50 年代以前，消费者行为的研究并不受学术界的重视，受传统经济学的影响，研究者习惯遵循"经济人"的假设，将消费者视作是完全理性的[44]。

随着生产力的提升与市场竞争的加剧，全球市场由生产者主导的卖方市场逐渐转变为由消费者主导的买方市场，消费者的影响力变得越来越不容忽视，对消费者行为解释和预测的需求变得越来越迫切。受心理学、社会科学的影响，研究者在分析消费者消费行为的过程中开始加入"社会人"的视角，以求更好地对消费者的行为选择进行分析和解释[45]。

最初，消费者行为理论（the theory of consumer behavior）又被称为购买者行为理论（the theory of buyer behavior）。消费者行为理论最早是由美国社会学家凡勃伦提出的[46]。经过半个多世纪的发展，消费者行为理论已由早期对消费者个性特征、生活方式和社会阶层等的研究发展到探究人的行为到底是如何产生和发展的。塞吉（Sirgy）把心理学中的"自我概念"（self-concept）引入消费者行为理论的研究中，为消费者行为研究增添了新的内容[47]。消费者行为理论从对消费者性格特征和外部因素影响的研究进入消费者内视的层次。

计划行为理论（the theory of planned behavior，简称 TPB）是由爱奇森（Ajzen）[48]在理性行为理论（the theory of reasoned action）的基础上提出的。计划行为理论认为人的行为和行为意识是由其对于行为的态度、主观信念和行为控制共同塑造的（图 2.1）。计划行为理论克服了理性行为理论不能对非自主行为进行解释的缺点，同时可以很好地对社会行为进行分析。作为消费者行为研究的重要理论基础，计划行为理论为消费者行为理论提供了新的解释框架。

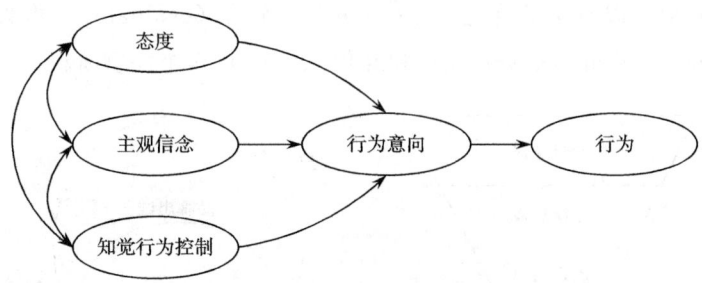

图 2.1　计划行为理论概念图

注：本图根据爱奇森（Ajzen）的《从意向到行为：计划行为理论》（*From Intentions to Actions: A Theory of Planned Behavior*）中的计划行为理论概念图翻译。

从定性和定量的角度划分，消费者行为的研究方法主要可以分为实证研究和阐释性研究两大类。目前在消费者行为研究主流期刊上发表的大量学术论文主要是基于这两种研究方法完成的[49]。实证研究强调方法的客观性，通过收集消费行为观察数据，利用统计学的方法和理论进行推断与解释。其中，结构方程（structured equation model，简称 SEM）和行为实验（behavioral experiment）的应用最普遍，并得到了学术界的广泛认同。

阐释性研究的支持者认为只通过实验或调查问卷的方法并不能完全反映消费者的内心世界并挖掘出其决策的潜在动机。与定量研究相比，阐释性研究者强调消费者的主观性，认为消费者的行为在很多时候并不能通过科学的方法进行分析，而应从人性和人本的角度进行阐释。阐释性研究者采用的研究方法主要有深度访谈和案例分析等[50]。

随着数字化时代的到来，互联网打破了区域性的文化差异和隔离，给消费者行为理论的研究带来了新的机遇与挑战。数字化媒体、在线社区和移动支付的出现打破了传统的消费者行为理论中关于消费者获取的信息不充分、生产者和消费者之间信息不对等的假设,这意味着在数字化环境中应用消费者行为研究领域很多经典的理论和方法时必须对其进行更新甚至重构[51,52]。

数字化环境中消费者的决策路径和传统的消费迥然不同。在传统环境下,消费者的购买决策路径一般是先从大量品牌中根据自己的需求、主观偏好和商品价格等因素逐步缩小范围并选定品牌,然后作出购买决策。而在数字化环境下,消费者的决策过程是呈环状循环往复的,由"购买环(purchase loop)"和"品牌忠诚环(loyalty loop)"两个环内切组成[16,53]。如图2.2所示,数字化环境下消费者的购买决策可以划分为考虑(consider)、评估(evaluate)、购买(buy)、体验(experience)、推介(advocate)和互信(bond)六个关键阶段。

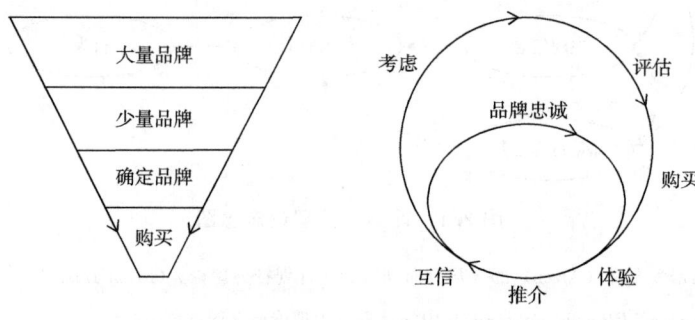

(a) 传统环境下的消费决策路径　　(b) 数字化环境下的消费决策路径

图2.2　不同环境下的消费决策路径对比

此外,随着大数据技术的发展,对消费者行为进行观察和研究的工具也发生了改变。在商家对客户(B2C)模式中,经销商可以追踪顾客浏览网页的完整"足迹",分析其需求和兴趣点。通过分析社交媒体数据,研究者可以了解消费者的选择偏好、生活方式和社会关系网络等。综合各方面的数据,利用大数据分析技术,可以对消费者进行"画像",在此基础上,结合消费者特质,投放精准、高效和实时广告的数字化营销(digital marketing)得以实现[54,55]。

综上所述,消费者行为理论围绕消费者如何作出购买决策这一基本问题,综合应用社会学、心理学和统计学等方面的知识和理论,解释消费者如何购买及为什么购买。无论在传统环境还是在数字化环境中,这一基本问题不会改变[56]。在研究消费者的绿色消费行为时,除了关注传统的消费者行为影响因素以外,还应关注消费者环保意识、绿色消费市场及绿色标志等因素的影响。此外,在数字化时代,消费者的行为习惯和选择模式已经发生改变,在研究消费者的绿色消费行为时需要考虑这些改变。

2.3 绿色营销理论

绿色营销（green marketing）是指生产商为了满足消费者对绿色消费及社会对绿色发展的需求，以环境保护观念为经营哲学，以绿色文化为价值观念，以保护生态环境为中心，寻找市场机会，并采取适宜的营销手段获取盈利和谋求发展的一种新型营销观念与营销策略[57,58]。概括来说，绿色营销的具体环节包括树立绿色营销观念、收集绿色产品信息、开发绿色产品、强化产品的绿色包装、制定绿色产品价格、选择绿色销售渠道、开展绿色促销、加强绿色销售服务、推行绿色管理、积极申请并取得绿色认证标志等[59]。

绿色营销是企业经营活动的一种指导思想，出现在生产观念、产品观念和市场营销观念之后。虽然绿色营销理论的萌芽可以追溯到20世纪六七十年代，但直到20世纪80年代绿色营销才作为一个完整的概念被提出[60]。皮蒂（Peattie）将绿色营销理论的发展过程归纳为以下三个阶段：第一阶段为生态性绿色营销阶段，要求企业以社会和环境价值为中心，把绿色市场作为自己的主要市场，解决由企业传统的营销模式导致的资源和环境问题；第二阶段为环境性绿色营销阶段，在这一阶段绿色营销的内涵已经包含了可持续、绿色消费需求、竞争优势、经济效益和环境质量等要素；第三阶段为持续性绿色营销阶段，为解决第二阶段企业自身策略和利益与绿色生产的矛盾，持续性绿色营销强调用一种有利和持续性的方法区分、预测和满足消费者及社会需要，并对其进行相应的管理，最终实现企业营销活动与生态系统相协调[7]。

我国学者万后芬认为，绿色营销理论的发展可以分为四个阶段，即产品中心论阶段、环境中心论阶段、利益中心论阶段和发展中心论阶段[61]。根据徐大佑与韩德昌的观点，绿色营销理论既是一种全新的营销理念，也是一种全新的营销模式，其模式有政府主导型和消费者主导型两种。目前，在西方大部分发达国家中，消费者都是绿色消费市场的主导力量。我国应根据自身的实践和文化特色创新绿色营销理论，探索适合我国国情的绿色营销模式[62]。

从绿色营销参与主体的角度，国内外的研究者普遍认为消费者、企业、政府和环保非政府组织是绿色营销中的四个重要主体[63-65]。从消费者的角度，随着环境问题日益凸显及公众环境保护意识的增强，人们的思维方式、价值观念乃至消费心理和消费行为都发生了变化。很多消费者开始关心其消费行为带来的环境影响，期盼无污染且有益于健康的绿色产品。以降低消费品污染和保护环境为主要特征的绿色消费观念代表了当今世界公众消费观念的新潮流[66]。

从企业的角度，为了满足消费者的绿色需求，越来越多的企业开始在产品生产、运输和宣传中考虑环保因素，对企业经营可能带来的环境问题做出反应。对于企业来说，绿色营销更多的是一种经营哲学，可以在三个层次上得到体现：经营战略、准经营战略和经营战术。与传统营销相对照，这三个层次的变化是不同的：营销观念必须进行根本性转变，商业实践活动必须进行重大改变，经营战术只需进行少许改变[67]。需要注意的是，大多数消费者不会仅仅为了绿色环保而牺牲自己的需求，因此绿色营销也可能与目标顾客自身利益的最大化出现矛盾，从而引发企业营销的系统性风险[68]。

政府的宏观调控是转变企业经营方向、促进绿色营销健康发展的重要助力。政府通过制定一系列的政策和法律来保障绿色营销的顺利进行[69]。此外，环保非政府组织（Non-Governmental Organizations，简称NGO）也是绿色营销活动中的重要参与者。这些组织或机构通过自己的方式或者和政府配合宣传绿色消费，或者引导舆论对企业施加压力。同时，在很多时候环保NGO也起着教育消费者的作用[70,71]。

我国对于绿色营销的研究始于1992年1月在香港召开的国际市场营销研讨会。与发达国家相比，我国的绿色营销理论和实践起步较晚。近年来，随着消费者环保意识的不断提升和企业参与国际竞争需求的增长，绿色营销理论和实践都取得了长足的发展，具体表现在：①一些企业已经按照环境标准实行清洁生产；②绿色产品已经成为企业竞争的重要要素；③一些理论研究成果已经通过立法或规章制度的形式应用到实践中[72,73]。但总体来看，我国的绿色营销还不够成熟，具体表现在消费者绿色消费意识不强、企业进行绿色创新的能力和坚决度不够等[74]。

综上所述，绿色营销理论旨在探讨如何协调人类需要的满足与企业经营活动的开展，从而实现社会经济的可持续发展。在西方，绿色营销理论尽管诞生的时间不长，但是对企业营销实践和经济发展模式都产生了广泛而深远的影响。在我国，虽然目前绿色营销实践和理论研究的发展总体上来说还不尽如人意，但是随着消费升级及企业进行跨国经营的需要的增长，开展绿色营销既是消费者的客观要求，也是我国产业升级与转型的必由之路。由于政治体制和管理体制不同，世界上不同国家绿色营销的参与主体及其相互作用关系并不完全相同，西方国家的一些理论和实践经验对于指导我国绿色营销的发展并不完全适用,因此有必要结合我国的具体情况,研究绿色营销参与者之间的相互作用关系,分析协调他们之间的关系的策略,从而最大限度地促进绿色消费的发展。

2.4 消费者渠道选择及其环境影响

随着电子商务和移动支付的迅猛发展,越来越多的消费者选择在网络上购物。为了吸引顾客,提高企业竞争力,很多企业选择开通网络购物渠道。由于产品的类型、包装和配送方式不同,消费者在实体渠道和网络渠道的购物行为会对环境造成不同的影响[75,76]。因此,有必要在研究绿色消费行为时考虑渠道因素的影响,明确企业选择不同的配送渠道和消费者在不同渠道消费时的环境成本,研究如何通过制定相关措施引导企业和消费者选择更加绿色、环保的生产和消费渠道。

事实上,多渠道供应链管理一直是运营管理领域的研究热点,研究内容主要集中在多渠道产品的定价策略[77,78]、供应链成员之间的利益分配与协调等方面[79,80]。目前考虑不同渠道的环境成本、生产商渠道选择及消费者在不同渠道的消费行为对环境影响的研究还比较少。尽管目前有一些研究认为,相对于实体渠道,网络渠道有助于降低库存、减少个人交通工具的使用和提升配送的经济性等[81,82],但是在另外一些情况下,网络渠道如小批量、高频次的配送和大量的退换货等会比实体渠道消耗更多的资源,增加更多的排放[83]。

从消费者的角度,不同的消费者群体对于不同的渠道有不同的偏好。据研究,年龄较大的消费者通常倾向于在实体店购物,而年轻的消费者更喜欢在网络上搜索产品并购买。有些消费者虽然对渠道没有明显的偏好,但是对于价格比较敏感,会选择价格较低的渠道购买[80,84]。此外,消费者在地理上的分布、市场中不同消费者的比例和产品的类型等都可能影响消费者的渠道选择并产生不同的环境影响[36]。

2.5 绿色消费影响因素

消费者的绿色消费行为包含复杂的动态决策过程。与普通的消费行为相比,环保行为往往会导致额外的个人成本,因此消费者需要在个人利益与集体利益、当前利益与长远利益之间权衡。以消费者为研究对象,影响其绿色消费的因素可以大致划分为内部因素和外部因素，其绿色消费行为是内部因素和外部因素交互的结果。其中，内部因素包括消费者的人口统计学特征和心理因素等，外部因素包括来自政府、企业和媒体宣传等的影响。

1. 消费者自身因素

影响消费者绿色消费的自身因素主要包括消费者的人口统计学特征、生理动机和心理因素等，其中心理因素包括自身心理因素（环保态度、价值观和感知有效性等）和社会心理因素（社会环保意识和周围的人对于绿色产品的认知等）。

莱文（Levin）的研究显示，通俗意义上最"绿"的消费者往往是"受过高等教育、年龄较大、收入较高并且有着自由主义倾向的妇女"，而最"不绿"的人往往是"年轻的、不关心政治的、教育水平较低的男性"。这一研究结果与人们主观印象中的绿色消费者的特征相符合，也引发了关于消费者人口统计学特征对其绿色消费行为影响的研究热潮[11]。

消费者的人口统计学特征主要涉及性别、年龄、婚姻状况、受教育程度、职业、收入及家庭结构等。虽然国内外很多研究者对于消费者人口统计学特征对绿色消费的影响进行了探究，但是很多研究显示二者的相关性并不很强，而且不同的研究者的结论往往并不一致[85]。所以有研究者指出，消费者的人口统计学特征并不是绿色消费的一个重要影响因素[72]。

从动机理论的角度看，消费者进行消费的动机可以分为心理动机和生理动机，其中生理动机是为了满足维持、保护、延续和发展生命的需要，主要体现为对购买对象功能特性的追求；心理动机是为了响应特定心理需要而产生的购买动机，体现为消费者自我概念与购买对象象征性的匹配[42]。依照马斯洛需求层次理论的分类，产品功能通常满足的是消费者生理和安全方面的需要。在很多消费者的观念中，绿色产品的安全性和可靠性高于一般产品，在一些特定的情境下，消费者对于健康和安全的考虑是促使其进行绿色消费的重要因素[86]。

消费者的心理动机主要包括消费者的自身心理因素和社会心理因素，其中消费者的自身心理因素主要与消费者的人格特质（价值观、信念、标准、态度等）有关。维弗拉肯（Verplanken）和霍兰德（Holland）发现，环保价值观会促使消费者选择环境友好型产品，且这种价值观对产品选择的影响仅发生于那些以环保价值观为自我概念中心的人身上[87]。科内利森（Cornelissen）等发现研究者可以通过提升消费者环保意识的自我感知来促进其绿色消费行为[34]。

社会心理因素也会对消费者的绿色消费行为造成影响。与强调价值观、标准、信念的个人因素不同,社会心理因素强调他人在消费者绿色消费中所起的作用。一个重要的社会心理因素是印象管理动机。当从事利他社会行为能给他人留下正面自我形象时,印象管理动机会促使消费者有更多这样的行为。卢克斯(Luchs)等[88]和佩尔哲(Peloza)等[89]的研究都认为,当有其他人在场时,消费者更倾向于选择绿色产品。周培勤认为当绿色消费被全社会认可并成为一部分精英群体的主要区分方式时,进行绿色消费就成了取得这种精英身份认同感的重要来源[90]。

除印象管理动机外,消费者的主观规范信念也是影响绿色消费的重要社会因素。舒尔茨(Schultz)等[91]认为,社会规范会对消费者的绿色消费意识造成影响,进而影响其绿色消费行为。格林斯泰因(Grinstein)和尼桑(Nisan)的研究结果表明,特定群体内消费者对政府环保营销宣传的正面响应动机取决于他们的国家依恋水平。在环保情境下政府的营销宣传对规模较大的群体比对规模较小的群体将更有效,国家依恋水平越低的少数群体对政府的营销努力反应越消极[92]。

2. 外部因素

除了消费者自身因素以外,外部因素如政府、企业、宣传媒体及宏观的市场环境等也会对消费者的绿色消费行为造成影响。

通常情况下,政府是绿色消费的引导者和规范者,政府出台的相关政策和制度有利于消除购买绿色产品和绿色服务的内部性问题[93]。例如,政府可以通过向消费者和企业提供补贴或减免税收来鼓励企业生产、消费者购买价格较高的绿色产品。目前,世界上很多国家都已经出台了一系列促进绿色消费的经济措施,包括生态税、政府补贴和相关贸易政策等,如美国和日本的绿色汽车政府补贴、欧盟的环境税和抵押金制度等。这些经济调控手段直接或间接地降低了绿色消费成本或提高了非绿色消费成本,从消费侧带动绿色消费的市场需求,推动了绿色消费的发展[94,95]。

虽然很多研究支持短时间内政府提供的经济刺激会促进绿色消费行为,但是也有研究者指出经济刺激可能导致消费者将绿色消费行为从道德领域转化到经济领域,一旦消费者将这种外部经济刺激理解为个体不用承担道德义务,外部经济刺激就会降低道德动机这种内部因素的影响。因此,经济刺激很少能够长期改变消费者的绿色消费行为,通常伴随着经济刺激的取消,消费者的行为就会回到原来的水平[96,97]。

为了构建促进绿色消费的长效推广机制,政府应着眼于转变消费者的消费习惯并构筑良好的绿色消费环境。马维晨和邓徐认为相较于发达国家，我国绿色消费研究发展时间较短，相关政策分散，缺乏协调配合，大部分绿色消费政策以财政补贴为主，缺乏持续性。他们认为应该在消费税减免、财政优惠、惩罚性资源价格、差额消费税、绿色消费基金和信贷、积分制、绿色产品和服务推广目录等方面进一步加强政策的制定和完善，引导绿色消费长期良性发展[98]。政府还应该积极推行政府采购绿色化。政府的绿色采购不但具有巨大的示范效应，而且可以推动企业转变生产方式，是构筑绿色消费模式的重要措施和突破口[99,100]。

除政府以外，企业也是绿色消费市场中重要的参与者。崔文婷认为企业生产模式的绿色程度、产品价格、产品的绿色程度和产品性能四个因素对绿色消费行为有重要影响[101]。有研究显示，目前市场上现有的绿色产品存在价格较高但质量较差的问题，导致产品的功能性价值不能满足消费者的需求，阻碍消费者选择绿色产品[8]。虽然根据调查，消费者愿意承受 20%～30% 的绿色产品溢价，但假如企业能够在保证绿色度不变的前提下，通过技术和管理创新降低生产成本，提高绿色产品的性价比，无疑将极大地调动消费者的购买热情[102]。

由于企业和消费者之间信息的不对称性，对消费者而言，绿色认证是唯一的权威性绿色证明，对绿色产品的准确认知及购买选择至关重要。为了迎合消费者的需求，同时提升产品竞争力，越来越多的企业选择加入绿色认证体系。需要注意的是，由于缺乏有效的监督及管理体系不完善，一些企业在产品的绿色度方面进行虚假宣传，误导消费者[38,103]。这些对于绿色标志的滥用即"漂绿"行为影响了绿色认证体系的权威性，降低了消费者对绿色产品的信心，是阻碍消费者绿色消费行为的一个重要的因素[32,104,105]。

针对目前绿色产品识别度低、缺乏统一的标准、存在虚假绿色产品的情况，杨波认为，不应将"漂绿"看作一种单纯的企业欺骗行为，而应从"承诺动力、实施能力、实施动力"三个维度对企业的绿色管理进行分析[106]。莱昂（Lyon）和蒙哥马利（Montgomery）认为，应该综合法律法规、政府监管机构、消费者、媒体及非政府组织等力量的协同治理作用，更有效地遏制"漂绿"现象[107]。

媒体和非政府公益性组织是除政府部门和企业之外的重要影响力量。新闻媒体是舆论的引导者和消费者获取信息的重要渠道，而非政府公益性组织从宣传和教育方面影响消费者的绿色消费行为[108]。新闻媒体和非政府公益性组织可以借助杂志、广告和电视节目等多种渠道向观众普及低碳、环保的相关知识，加深消费者对绿色消费和绿色产品的认知。此外，非政府公益性组织还可以从绿色消费的社会意义和健康意义出发，组织以绿色消费和绿色产品为主题的活动，从而影响企业和消费者[109]。

2.6 绿色消费态度-行为分离

目前在消费者绿色消费行为的研究中，很多研究者将重点放在消费者消费态度的研究上，这一方面是因为消费者对绿色消费的态度确实是预测其绿色消费行为的重要指标，即那些具有更正面的环保态度的消费者会对环境问题更加关心，也更有可能通过绿色消费实践绿色承诺；另一方面，现实中很难准确观测和记录消费者的实际购买行为，消费者的实际购买行为受到多方面因素的影响，给研究带来了一定的难度和挑战[110,111]。

虽然在一些情况下，在研究中用消费者对绿色消费的态度来代替消费者绿色消费行为是合适的，但是在另外一些情况下，研究者发现，虽然很多消费者表达了他们对环境问题的关心和对绿色消费的积极态度，但是这种正面的态度并没有反映在实际的消费行为上。在消费者行为学中，消费者这种态度和行为不一致的现象被称为消费者态度-行为分离[7]。绿色消费态度-行为分离现象可以从消费者自身因素、产品因素、情境因素和研究方法选择等方面进行解释[37,41]。

从消费者的角度来说，绿色消费的正外部性与负内部性导致消费者绿色消费态度和绿色消费行为之间的关系变得非常不确定[112]。虽然消费者的绿色消费行为有助于降低排放和减少资源、能源消耗，但是保护环境所带来的益处不为单个消费者独享，而是由整个社会共享。这意味着绿色消费虽可增进社会利益，但会提高个人的消费成本，所以绿色消费常伴随着个人利益与社会利益的冲突[113]。

同时，环境保护这一目标并不是个人当前的优先选项。环境变化涉及人类长远利益问题，这往往是在一些个人的基本需求得到满足后才会被考虑的，如住房、食物及各种复杂的人际关系等问题。消费者更容易把环境问题从时空上拉开，远离当前的意识，倾向于忽视问题的未来危害。所以，人们更倾向于将环境问题从时间上推开，留待将来解决，倾向于以后再购买绿色产品。这种心理导致消费者在实际消费时倾向于关注当前利益而不是长远利益[114,115]。

从产品的角度考虑，消费者作出购买决策的时候会考虑很多因素，如价格、质量、品牌、产品可得性等，环保只是其中的一个因素。首先，如果绿色消费以牺牲价格、性能和便利性为代价，当消费者进行绿色消费的收益小于其成本时，消费者将选择放弃绿色消费[36,113]。其次,消费者不同的绿色消费行为之间相关度低,其对于不同类型的商品环保价值的认知并不一致。麦克唐纳(McDonald)等指出,即使是同一个绿色消费者,面对不同种类的产品时也会采用不同的购买决策[116]。戴维斯(Davies)等发现,当消费者购买奢侈品时,环保问题很少被考虑。他们给出的解释是,当产品的象征性意义与环保价值产生冲突的时候,消费者更看重象征性意义[117]。此外,由于市场上存在"漂绿"现象,消费者对于产品的绿色信息并不能确定,这在很大程度上影响了消费者环保态度向绿色消费行为的转化[106,118]。

绿色消费态度和意向对绿色消费行为的预测作用受到情境因素的影响和调节。消费者总是处在不同的情境中,他们同时是国家公民、公司员工和家庭成员。消费者的行为还受到情绪、绿色产品的包装和购物场所的远近等因素的影响。虽然调查问卷或访谈等获取的数据和资料支持消费者对于绿色消费持正面态度,但是在不同的情境下,消费者的意向大小可能发生改变,甚至方向逆转[119]。

值得注意的是,虽然在很多情境下,消费者绿色消费态度、意识与行为之间的关系会减弱,但是也有一些情境消费者会更偏向于购买绿色产品。例如,当前我国食品和日用品安全问题受到关注,因为绿色产品执行的生产标准要普遍高于普通产品,所以在一般消费者的观念中,绿色产品比普通食品更加安全和健康,在这种情况下,有绿色标志的产品更容易获得消费者的青睐,虽然选择购买的消费者可能对于环保并不关心[120]。

消费者对于绿色消费态度和行为的不一致也有可能跟研究者采用的研究方法有关。首先,消费者绿色消费态度的研究中使用的方法大部分是调查法,获取的是截面数据,只能说明相关关系,而不能说明因果关系,因此对于消费者绿色消费行为的影响因素的判定依据并不充分。其次,有研究显示,在调查中,消费者倾向于夸大自己的环保态度[22]。此外,绿色消费行为可能是多方面的,消费者可能对多种绿色消费行为比较积极,因此总体的绿色消费态度和具体的绿色消费行为可能不是对应关系[20]。

综上所述,综合国内的研究成果,可以将消费者绿色消费态度-行为分离的原因归结如下:①消费者个人利益与集体利益的冲突;②消费者短期利益与长期利益的冲突;③部分绿色产品的性价比低,绿色度难以被识别;④消费者绿色消费态度研究方法的影响;⑤情境因素的影响。对于消费者绿色消费态度-行为分离影响因素的探究有利于发现绿色消费的阻碍因素,通过减小这些因素的阻碍作用,可以更好地促进绿色消费的发展。

2.7 现有研究评述

绿色消费是缓解环境问题、促进人类社会可持续发展的重要举措。无论是政府的政策、企业的社会环保责任还是媒体舆论宣传，其目的都是直接或间接地提升消费者的环保意识，增强消费者对于绿色消费的认可度，并最终将消费者的环保意识和支持态度转化为绿色消费行为。研究消费者的绿色消费影响因素有利于促进消费者的环保意向和态度向实际的绿色消费行为转化。当越来越多的消费者在作出购买决策的过程中开始关心环境影响、看重产品的环保价值时，企业也会主动地转变生产方式，参与到环保活动中，从而促进整个体系的良性循环。

为了更好地促进消费者的绿色消费行为，国内外研究者从不同的角度和层次对影响消费者绿色消费行为的因素进行了研究，涉及的因素包括消费者的人口统计学特征、行为心理学因素及外部的政府、企业和宣传媒体等，研究的方法有访谈、实证分析和仿真建模等。

在关于消费者绿色消费行为心理因素影响的研究中，大部分研究的侧重点是消费者的绿色消费态度，且很多因素（如年龄和收入等）的一致性在不同的研究中不能得到确认。消费者在决策的时候总是处在各种各样的情境中。虽然消费者的环保意识、人格特质、主观规范及态度倾向等因素对于其绿色消费意向和行为的影响已经在很多研究中得到了验证，但是在不同的情境下，这些因素的影响会受到调节甚至改变方向。在对消费者绿色消费行为心理影响因素的研究中结合具体的现实情境将使得此类研究具有更强的指导意义。

消费者对于不同产品的环保价值认知并不一致，且在购买不同类型的产品时会通过不同的渠道。由于产品特性、消费者分布和配送方式等方面的差异，不同产品通过不同渠道销售时将对环境造成不同的影响。在传统的消费者绿色消费行为研究中，对消费者行为的评判往往基于一种商品或是一种购物渠道。目前少有研究考虑不同渠道的环境成本及消费者购买渠道的选择对于环境的影响。本书将研究产品特性差异、消费者偏好和分布等因素对于生产商和经销商渠道选择策略的影响，以及如何引导企业和消费者选择合适的渠道，从而减少对环境的不利影响。

绿色认证标志是生产企业和消费者之间绿色信息传递的桥梁，在绿色消费中起着非常重要的作用。研究表明，消费者对于绿色标志缺乏足够的信心是消费者的绿色意向不能有效地转化为绿色消费行为的重要原因。然而，由于绿色认证管理体系不完善，缺乏相应的监督机制，目前市场上"漂绿"现象普遍存在。这种情况不但影响了消费者的绿色消费满意度，而且会导致绿色认证标志价值下降，降低了企业参与绿色认证的积极性。针对这种情况，政府和相关机构应该加强对绿色标志使用的管理，构建完善的绿色标志认证和管理体系，从而塑造良好的绿色消费市场环境。

通过对绿色消费领域文献的归纳，笔者发现在绿色消费的研究中有两个根本的问题：①如何对绿色认证企业进行持续有效的监管；②如何对消费者的绿色消费行为进行定量化的激励。这两个问题是绿色消费研究中的重点，也是难点。随着信息技术的发展，很多经典理论和方法认为不可能实现的研究路径正在变为现实，为解决传统问题提供了更多的思路和方法。目前大数据、云计算和物联网技术迅猛发展，对消费者行为进行研究的方法也层出不穷，结合当前新的管理实践和技术背景，本书将研究如何通过基于数据的决策和管理创新促进绿色消费的发展。

第 3 章 消费者绿色消费行为心理影响因素分析

人是一支有思想的芦苇。

——（法）布莱士·帕斯卡

3.1 问题背景

很多研究表明，当前越来越多的消费者倾向于选择绿色产品。与一般产品相比，绿色产品的生产、运输和销售等环节对环境的不利影响更小[121]。虽然通常情况下绿色产品的价格比一般产品高，但是随着消费者环保意识的提升及对于自身健康和安全的考虑逐渐增多，越来越多的消费者开始接受这种溢价[122-124]。为了迎合消费者的意愿，提升企业竞争力，越来越多的企业开始考虑进行绿色产品的研发和生产[39]。

广义上来说，绿色产品的范畴很大。一般情况下，只要一种产品在其生产、加工、运输和销售等环节减少了对于环境的不利影响，都可以称之为绿色产品[125,126]。为了使研究结论更准确，研究过程更便利，本章将研究对象聚焦在绿色标志认证产品上，这是因为：①绿色标志认证产品上张贴有明确的认证标志，消费者可以清楚地分辨其绿色购买行为，给调查研究带来了便利；②绿色标志产品的认证流程遵守相关的标准与规定，减少了研究中的一些不确定性与模糊性。

如前所述，绿色认证体系是由政府部门和其他组织发起的一种环境表现认证。假如一企业申请并通过了该体系的认证，这个企业的某些种类的产品将在认证有效期内被允许使用该绿色认证标志。绿色认证标志表明产品的整个生产过程，包括生产、运输和回收等环节均符合相关标准，并将对环境的不利影响降到最低[127]。绿色认证体系有助于消除消费者和企业之间的信息不对称。通过绿色认证标志，产品的环境效应可以为消费者所感知。

绿色认证体系有助于环境保护和生产、消费模式的转变[35]，因此如何增强绿色认证标志对于消费者的吸引力成为很多学者关注的重点。虽然已经有研究表明一些因素如年龄、性别和绿色标志溢价等会对消费者对于绿色标志的态度和购买意愿产生影响[128,129]，但还少有研究系统地调查消费者的心理因素如态度、意识和感知等对于其对绿色标志认证产品购买态度和意愿的影响，并探究到底是哪种因素在消费者的决策过程中起主导作用。此外，不同情境下消费者对绿色消费的态度和其消费行为之间的关系可能不同。大部分情境下消费者的态度和其实际行为之间的关系可能会减弱，但是也存在一些特殊的情形，如虽然有的消费者对于环境问题并不关心，但是其会选择购买绿色标志认证产品。在研究消费者绿色消费行为的心理影响因素时，结合具体情境考虑将使得研究更加具有现实意义。

为了对上述问题进行研究，笔者所在的课题组进行了问卷调查研究。通过对计划行为理论（TPB）的拓展，建立了一个包含六个潜变量的概念模型。六个潜变量中，主观规范（subjective norm，简称 SN）、感知行为控制（perceived behavior control，简称 PBC）、对于购买绿色标志认证产品的态度（attitude towards the behavior，简称 ATB）和购买行为意向（intentional purchasing behavior，简称 IPB）来自经典的计划行为理论。在一些特殊的情况下，研究者发现观察对象会参与到一些具体的行动中，尽管观察对象有时对于这些行动的态度并不是正面的，而经典的计划行为理论并不能对这些现象进行解释，这被视为计划行为理论的一个缺陷[130,131]。为了弥补这种缺陷，本书通过将消费者的健康意识（health consciousness，简称 HC）和环境意识（environmental awareness，简称 EA）集成到模型中反映消费者对于其健康和自然环境的关切。

作为一种自利型动机，健康意识反映的是消费者对于自身健康和安全的关注。由于绿色标志认证产品执行的标准比较高，生产过程中的监管比较严格，所以相比一般产品，绿色标志产品的质量往往更有保障，消费者会为了自身健康和食品安全而选择绿色标志认证产品。当前，由于食品和日用品安全事件频发，消费者在购买的过程中对于产品质量和安全性的关注度日益提高。有研究显示，健康意识已经成为消费者为绿色标志认证产品支付额外溢价的重要动机[30,31]。

不同于健康意识，消费者的环保意识反映的是消费者对公共自然环境的关注，是一种利他型动机[132]。随着各种环境问题逐渐显现，越来越多的消费者开始关注其消费行为对于环境的影响。根据外部性理论，环保意识是正外部性环境行为的内部动机。对于那些环保意识强的消费者来说，他们倾向于选择绿色产品，尽管

第3章 消费者绿色消费行为心理影响因素分析

他们需要为此支付更高的费用[133,134]。

虽然很多研究表明绿色认证体系有利于促进绿色消费和消费者行为模式的转变，但是只有当消费者真正购买绿色标志认证产品时，绿色认证体系的优点才能发挥。为了促进绿色认证体系更好地发展，有必要探究消费者购买绿色标志认证产品的影响因素，分析消费者为什么会选择绿色标志认证产品，并结合这些影响因素提出相应的激励政策。

为了实现上述研究目的，本章将通过调查问卷收集数据，结合情境因素和改进的计划行为理论建立概念模型，并应用结构方程的方法进行分析；分析影响消费者购买行为意向的因素，并展示消费者的购买行为意向在多大程度上受其利己型动机和利他型动机的影响；探究情境因素和消费者行为心理因素、社会心理因素等的交互作用对消费者绿色消费意向的影响，明晰现实情境下消费者绿色消费行为的动机。通过研究，为更好地促进消费者绿色消费态度向绿色消费行为转化提供理论支持和政策建议。

3.2 中国环境标志简介

目前市场上存在很多绿色认证标志，包括绿色食品标志、节水标志和中国能效标识等。这些标识的发起单位不同，认证和管理流程也存在很大的差别。为了便于研究，本书选取目前在中国市场上应用范围最广、影响最大的中国环境标志即"十环"作为研究对象[24]。

中国环境标志是由中华人民共和国环境保护部于1993年发起设立的，由青山、绿水、太阳和中间的十环组成，寓意让公众一起参与进来，保护我们赖以生存的环境（图3.1）。截至目前，总共有超过4000家企业的20 000余种产品通过了中国环境标志认证。从2001年8月起，中国环境标志开始执行ISO 14024的相关标准，要求认证产品不但满足质量要求，而且与同类产品相比排放更少，对环境的影响更小[85]。

中国环境标志认证的一般流程为：意向企业首先向中环联合认证中心有限公司（原国家环境保护部环境认证中心，以下简称"中环联合"）

图3.1 中国环境标志
资料来源：图片来源于中环联合认证中心有限公司官方网站（http://www.mepcec.com/renzheng_column/113.html）。

提交申请和相关证明材料。如果申请通过，申请企业和中环联合签订合同并缴纳相应的认证费用。然后，中环联合向企业派出工作小组，对企业的生产过程进行调查，并抽取样品，派送到中环联合附属的检验机构。综合企业提交的材料、现场检查的结果和检验报告，工作小组拟定报告并提交给中环联合技术委员会。技术委员会综合评定工作小组的报告和检验机构的检测结果，判定是否授予企业使用中国环境标志。

如果认证通过，企业将被允许在接下来的三年时间内使用中国环境标志（中国环境标志的使用期限为三年）。企业可以将该标志印刷在其产品外包装的特定位置。通过绿色认证的企业享受国家补贴，并在政府采购中具有优先入围的资格。一般情况下，中环联合将对企业的执行情况进行年度检查。当地的工商管理部门对企业的执行情况同样有监督的义务，并将监督结果向中环联合反馈。如果认证企业被发现没有严格执行相关标准，中环联合将连同工商管理部门一道对企业处以行政和经济处罚。三年后，企业需要重新提交材料和接受认证。中国环境标志的认证和管理流程如图3.2所示。

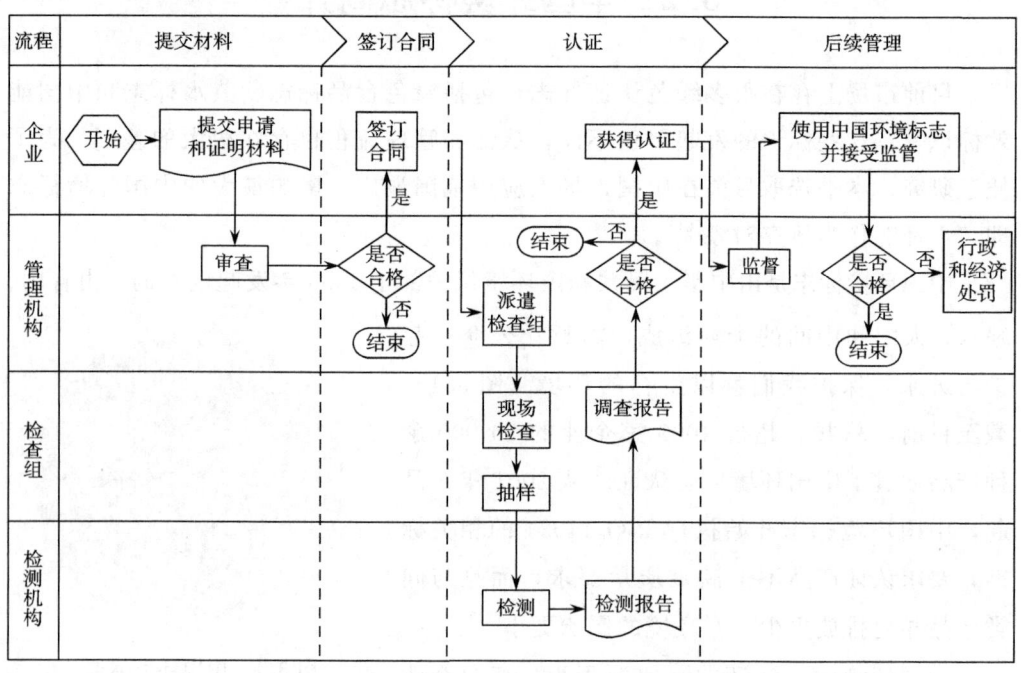

图 3.2　中国环境标志（CEL）的认证和管理流程

注：本图根据中国环境标志（CEL）认证流程整理。

由图 3.2 可以看到，相比于一般产品，环境标志认证产品的监督和管理流程更加严密，执行的标准要求更高，因此消费者认为环境标志认证产品的质量和安全性更好。

3.3 理论假设与概念模型

3.3.1 问卷设计

为了让受访者更好地了解课题组研究的相关背景，在调查问卷的Ⅰ部分简要介绍了绿色认证体系和中国环境标志。在Ⅱ部分主要调查相关的人口统计学信息。在Ⅲ部分主要收集消费者主观规范、感知行为控制、态度、环境意识、健康意识和购买意向等数据。

所有潜变量都由多个测量变量得到。共选择 19 个测量变量对潜变量进行测量。所有的测量变量都来自学界的研究，并对调查问卷的部分题项进行了一定的修改，使之更符合课题的研究内容。潜变量测量使用的问卷采用李克特 7 点量表，1 表示强烈不同意，7 表示强烈同意。将潜变量测量使用的测量变量汇总如下：

1) 感知行为控制（PBC）。三个测量变量来自文献［21］和文献［26］，分别是"在生活中我有多种途径购买到有绿色标志的食品和生活用品（PBC1）""如果我想，生活中我可以轻易地购买到有绿色标志的食品和生活用品（PBC2）""购买绿色标志产品完全由我决定（PBC3）"。

2) 主观规范（SN）。三个测量变量来自文献［26］，分别是"周围很多对我来说重要的人都认同有绿色标志的食品和生活用品（SN1）""周围很多对我来说重要的人都想要我去购买有绿色标志的食品和生活用品（SN2）""周围很多对我来说重要的人都认为我应该购买绿色标志产品而不是一般产品（SN3）"。

3) 消费者态度（ATB）。三个测量变量来自文献［135］，分别是"我认为绿色认证体系是好的（ATB1）""我喜欢有绿色标志的食品和生活用品（ATB2）""我支持绿色认证体系的发展（ATB3）"。

4) 环境意识（EA）。四个变量来自文献［132］，分别是"人类正在严重地破坏自然环境（EA1）""假如不采取任何措施，照这样发展下去的话，我们将经历一场严重的生态灾难（EA2）""自然界的平衡是很脆弱并很容易被打破的（EA3）""地球上的各种资源是有限的（EA4）"。

5) 健康意识（HC）。三个测量变量来自文献［136］，分别是"我对自身的健康状况较为敏感（HC1）""我倾向于选择对于健康有益的产品（HC2）""我相信我吃的食物会对我的健康造成直接影响（HC3）"

6) 购买行为意向（IPB）。三个测量变量来自文献[137]，分别是"我会在近期购买绿色标志食品和生活用品（IPB1）""我会推荐我的朋友和亲人购买有绿色标志的食品和生活用品（IPB2）""在绿色标志产品和普通产品之间我会选择绿色标志产品（IPB3）"。

3.3.2 数据收集

本次问卷调查通过问卷星平台进行数据收集工作，数据收集的区间为2018年10—11月。首先通过QQ和微信与受访者联系，询问其是否购买过环境标志认证产品，如果其有购买经历并愿意参加问卷调查，将向其发送调查问卷链接。课题组总共发送了500份调查问卷，回收了336份有效问卷，回收率达到67.2%，超过了芭比（Babbie）提出的回收率应该超过60%的标准[138]。同时，依据娜娜莉（Nunnally）[139]、塔巴克尼克（Tabachnick）和菲德尔（Fidell）[140]的研究，本次有效调查问卷的规模（336份）符合结构方程测量模型样本的基本要求（至少100份）。根据计算，所有测量变量得分的偏度和峰态的值均在−1.5～1.5范围内，证明这些得分的值符合一元正态分布。

样本的人口统计学信息见表3.1。调查对象中男女比例大致相当（男性占52.1%，女性占47.9%）。受访者的年龄分布为18～76岁，其中36.3%的受访者年龄为25～34岁，是所有年龄组别中比例最高的，其次是35～44岁，占25.9%。在所有的受访者中，86.3%拥有本科及以上学历，51.8%的人收入为10 000～15 000元/月。

表3.1 受访者人口统计学信息（$N=336$）

特征	类别	频数	占比/%
性别	男	175	52.1
	女	161	47.9
年龄/岁	15～24	17	5.0
	25～34	122	36.3
	35～44	87	25.9
	45～54	62	18.5
	55～64	39	11.6
	65～74	6	1.8
	>74	3	0.9

续表

特征	类别	频数	占比/%
受教育程度	高中及以下	46	13.7
	本科	148	44.1
	硕士	120	35.7
	博士	22	6.5
收入/（元/月）	0～5000	38	11.3
	5000～10 000	75	22.3
	10 000～15 000	174	51.8
	>15 000	49	14.6

3.3.3 测量模型验证

在通过结构模型对假设进行检验之前，先通过一个验证性因子分析对测量模型的信度和效度进行检验。所有测量变量的标准化因子载荷均大于 0.70，满足标准化因子载荷应超过 0.50 的标准，见表 3.2。潜变量的组合信度（composite reliability，简称 CR）值的范围为 0.78～0.94，均高于建议的临界值 0.70。潜变量平均方差提取量（average variance extracted，简称 AVE）的值为 0.54～0.84，均高于建议的最低可接受值 0.50，说明各个变量具有良好的收敛效度[141]。

表 3.2 量表因子载荷、信度和效度

潜变量	测量变量	标准载荷	潜变量的组合信度	潜变量平均方差提取量
SN	SN1	0.860	0.94	0.84
	SN2	0.970		
	SN3	0.920		
PBC	PBC1	0.890	0.92	0.80
	PBC2	0.950		
	PBC3	0.830		
ATB	ATB1	0.816	0.89	0.73
	ATB2	0.924		
	ATB3	0.814		

续表

潜变量	测量变量	标准载荷	潜变量的组合信度	潜变量平均方差提取量
EA	EA1	0.860	0.88	0.71
	EA2	0.930		
	EA3	0.900		
	EA4	0.720		
HC	HC1	0.881	0.91	0.76
	HC2	0.865		
	HC3	0.872		
IPB	IPB1	0.758	0.78	0.54
	IPB2	0.741		
	IPB3	0.713		

通过将潜变量平均方差提取量的平方根（AVE）和潜变量间相关系数进行对比对测量模型进行评估。所有潜变量平均方差提取量的平方根都大于潜变量间的相关系数，同时满足超过 0.50 的最低标准，说明所设计的量表具有良好的区别效度（表 3.3）[141]。

表 3.3 区别效度的检验结果

潜变量	SN	PBC	ATB	EA	HC	IPB
SN	0.92	—	—	—	—	—
PBC	0.26	0.89	—	—	—	—
ATB	0.20	0.47	0.85	—	—	—
EA	0.10	0.45	0.47	0.84	—	—
HC	0.16	0.49	0.55	0.52	0.87	—
IPB	0.35	0.57	0.51	0.45	0.57	0.73

3.4 研究模型

基于计划行为理论和绿色消费领域相关的实证研究，建立了一个包含六个潜变量的扩展 TPB 模型，并对这些潜变量之间的关系进行研究。

3.4.1 计划行为理论

购买意向是指消费者有意识地购买特定产品或服务的倾向[142]。在很多研究中,购买意向被广泛地用来预测实际购买行为。通常情况下,考虑到实际的购买行为难以测量和记录,因此在实际研究中很多研究者用购买意向代替实际购买行为[143]。

计划行为理论是一种将研究对象的信念和行为关联的理论[48],是对理性行为理论(theory of reasoned action)的拓展。通过增加感知行为控制(perceived behavioral control,简称PBC)元素,计划行为理论可以对非志愿性行为进行更好的解释[144]。

根据计划行为理论,行为态度、主观规范和感知行为控制共同导致了行为意向[128]。其中,态度是一种心理倾向,反映个体对于相关行为的稳定和逻辑自恰的评价[145]。很多研究显示,消费者关于购买行为的态度对于其购买行为有重要影响。消费者对于购买一种产品的态度越积极,其购买的概率越大,这种关系在很多实证研究中都得到了证明[120,128,142]。受相关理论研究的启发,提出如下假设:

H1:消费者对于购买绿色标志认证产品的态度(以下简称消费者态度)对于其购买行为意向有显著的正向影响。

感知行为控制是个体对于施行某一特定行为难易程度的感知[48]。感知行为控制受到个体所能感知的施行某一行为所有约束集合的影响。过高的价格、缺乏购买渠道和难以准确获得产品绿色信息等都是阻碍消费者购买绿色标志认证产品的因素。如果消费者在购买绿色标志认证产品的过程中感知到更多的可控性,则他们购买的概率将更大[24,27]。基于此,提出如下假设:

H2:感知行为控制对于消费者态度有显著的正向影响。

H3:感知行为控制对于消费者购买行为意向有显著的正向影响。

3.4.2 主观规范

主观规范的概念源自集体主义空间文化。主观规范涉及个体对于特定行为的认知,这些认知往往受到其周围关系密切的人的影响(如父母、配偶、朋友和老师等)[25]。主观规范通常用来反映社会关系对于个体行为意向的影响。考虑到消费者总是处于特定的社会关系网络中,其行为不可避免地受到周围人的影响。消费者在作出购买决策的过程中会考虑其行为是否被周围的人认可[26]。基于相关理论分析,提出如下假设:

H4：主观规范对于消费者态度有显著的正向影响。

H5：主观规范对于消费者购买行为意向有显著的正向影响。

3.4.3 环境意识

消费主义是一种在工业文明时代盛行的消费观念和文化。消费主义的扩散和发展伴随着资源、能源的大量消耗和对自然环境的破坏。消费主义被认为是当前生态系统失衡和环境污染的主要因素之一[102]。当今，随着现代工业社会对于环境的破坏逐渐被大众所认识，越来越多的消费者开始关注他们的日常行为对于环境的影响并倾向于选择对于环境影响较小的产品和服务[6,7]。

从价值信念规范理论（value belief norm，简称VBN）的角度出发，环境价值、信念和规范对于具体的环境保护行为有正面的作用和影响[146]。价值-规范-信念理论可以用来解释公众对于社会环境运动的支持。此外，社会认同理论（social identify theory，简称SIT）也为消费者绿色消费行为和其环保意识之间的关系提供了支持[147]。在社会认同理论中，消费者环保意识被认为是一种正向的社会意识，消费者通过其环保行为来获得社会认同。消费者的环保意识和其正面的绿色消费态度及行为之间的关系在很多实证研究中都得到了证明。环保意识强的消费者其绿色消费行为频率往往也高[24,124]。基于此，提出如下假设：

H6：环境意识对于消费者态度有显著的正向影响。

H7：环境意识对于消费者购买行为意向有显著的正向影响。

3.4.4 健康意识

从动机理论（motivational theory）的角度出发，消费者购买行为的动机可以大致分为心理动机和生理动机两种。其中，心理动机代表消费者对于意向产品功能特点的追求，而生理动机是为了满足其特定的生理需求[148]。健康意识即反映了消费者对于其自身生理健康水平的关心[149,150]。

根据马斯洛（Maslow）的层级需求理论，产品首先要能满足消费者自身安全和健康的需要，其次才涉及功能特点[151]。考虑到对于健康和安全的追求已经成为消费者购买决策中的重要影响因素，提出如下假设：

H8：健康意识对于消费者态度有显著的正向影响。

H9：健康意识对于消费者购买行为意向有显著的正向影响。

如图3.3所示，用九条单向箭线代表从箭尾到箭头的变量之间的假设关系。

第3章 消费者绿色消费行为心理影响因素分析

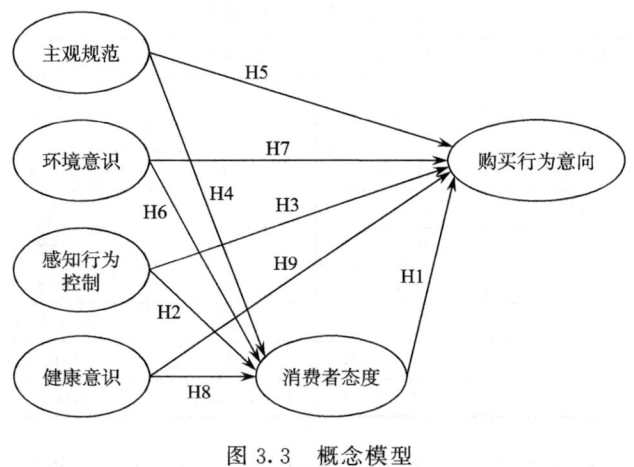

图 3.3 概念模型

3.5 数据分析结果

在对测量的有效性和可信度进行检验后，使用 Mplus 8.0 软件进行结构方程分析，采用的计算方法是最大似然法。计算得出拟合优度的统计量为卡方（chi-square）$\chi^2=364.7$，自由度（degrees of freedom）df=137，近似误差均方根为 0.07，比较拟合指数（comparative fit index，简称 CFI）为 0.96，说明概念模型和数据拟合程度良好。

通过对结构方程的路径系数进行检验来验证假设，计算结果见表 3.4。除了假设 H4 和 H7，其余七个假设均在 0.05 的显著性水平上成立。消费者对于购买绿色标志认证产品的态度对其购买行为意向有显著的正向影响（H1，$\beta=0.141$，$p=0.028$）；消费者感知行为控制对其购买态度有显著的正向影响（H2，$\beta=0.202$，$p=0.007$）；消费者感知行为控制对其购买行为意向有显著的正向影响（H3，$\beta=0.274$，$p<0.001$）；主观规范对消费者态度的正向影响不显著（H4，$\beta=0.079$，$p=0.158$）；主观规范对消费者购买行为意向有显著的正向影响（H5，$\beta=0.274$，$p=0.158$）；环境意识对消费者态度有显著的正向影响（H6，$\beta=0.079$，$p=0.158$）；环境意识对消费者购买行为意向的正向影响不显著（H7，$\beta=0.097$，$p=0.145$）；健康意识对消费者态度有显著的正向影响（H8，$\beta=0.343$，$p<0.001$）；健康意识对消费者购买行为意向有显著的正向影响（H9，$\beta=0.278$，$p<0.001$）。其中，β 为结构方程路径系数，p 表示显著性水平。

表 3.4 假设检验结果

假设	估值（β）	标准误	临界比	p	检验结果
H1	0.141	0.064	2.196	0.028	支持
H2	0.202	0.075	2.692	0.007	支持
H3	0.274	0.065	4.208	<0.001	支持
H4	0.079	0.056	1.413	0.158	不支持
H5	0.274	0.053	3.707	0.158	支持
H6	0.079	0.064	2.918	0.158	支持
H7	0.097	0.067	1.456	0.145	不支持
H8	0.343	0.069	5.001	<0.001	支持
H9	0.278	0.069	4.032	0.001	支持

以上分析了影响消费者购买绿色标志认证产品行为意向的因素，接下来研究消费者的购买行为意向在多大程度上受其利己型和利他型动机的影响。分析健康意识（HC）和环境意识（EA）对购买行为意向（IPB）的总效应是否存在统计学上的差异，即对于自身健康的关注和对于自然环境的关心，哪个因素在消费者购买绿色标志产品的决策过程中影响更大。

健康意识（HC）对消费者购买行为意向（IPB）的总效应包含直接效应和间接效应两部分。将健康意识对消费者购买行为意向的直接效应（HC→IPB）用 D_1 表示。健康意识对消费者购买行为意向的间接效应为通过消费者态度（ATB）传递的中介效用（HC→ATB→IPB），用 D_2 表示。用 D_3 表示健康意识对消费者态度的效应（HC→ATB）。用 A_0 表示消费者态度对其购买行为意向的效应（ATB→IPB），则 $D_2 = A_0 D_3$。用 D_0 表示健康意识对消费者购买行为意向的总效应，则 $D_0 = D_1 + D_2$。

类似地，环境意识（EA）对消费者购买行为意向（IPB）的总效应也包含直接效应和间接效应两部分。将环境意识对消费者购买行为意向的直接效应（EA→IPB）用 E_1 表示。健康意识对消费者购买行为意向的间接效应为通过消费者态度（ATB）传递的中介效用（EA→ATB→IPB），用 E_2 表示。用 E_3 表示健康意识对消费者态度的效应（EA→ATB）。用 A_0 表示消费者态度对其购买行为意向的效应（ATB→IPB），则 $E_2 = A_0 E_3$。用 E_0 表示健康意识对消费者购买行为意向的总效应，则 $E_0 = E_1 + E_2$。

用 Wald 检验对 D_0 和 E_0 的大小进行比较。根据 Wald 检验的结果，$D_0 > E_0$ 在 5% 的显著性水平下显著（$p = 0.038$）。检验结果表明，相比于环境意识，消费者的健康意识对于其购买行为意向影响更大，即相比于对自然环境的关心，消费者考虑购买绿色标志认证产品更多的是出于对自身安全和健康的考虑。

对分析结果进行汇总，可以发现不同的心理因素对消费者态度和购买行为意向有不同的影响。首先，消费者的环境意识对其态度的影响是显著的，但是对购买行为意向的效应却并不显著。这个结果从侧面验证了消费者环保意向行为和态度之间的不一致性，即很多消费者虽然对于环境保护持支持态度，但是在其作出购买决策的时候却并没有体现这一影响。

其次，主观规范对于消费者购买行为意向的影响显著，但是对其态度的影响并不显著。这意味着虽然消费者对于购买绿色标志认证产品的态度并不会被周围关系密切的人影响，但是在其作出购买决策时会考虑周围人的意见。因此，政府和企业应加大绿色标志认证产品的宣传力度，提升消费者对于绿色认证体系的认识。良好的社会环境有助于促进消费者环保意识的提升和绿色消费的发展。

最后，消费者健康意识对于其购买行为意向的影响大于环境意识，即相较于自然环境，消费者在选择绿色标志认证产品时更多考虑的是其自身的健康。因此，企业可以通过宣传绿色标志吸引顾客，而运转良好的绿色认证体系也将吸引更多的企业加入。绿色认证标志可以作为缓解企业和消费者矛盾的一种重要手段，尤其是在食品和日用品领域。通过绿色认证体系，企业可以实现制造升级和商业模式的转变，也有利于促进消费模式向更加绿色、更加环保的方向转变，从而实现人类社会和自然环境之间的良性互动。

3.6 移动互联网环境下消费者低碳消费行为研究

1. 移动互联网环境下消费者低碳消费行为决策路径概念模型

与传统消费情境相比，移动互联网环境下消费者低碳消费行为的决策路径与影响因素都发生了改变。为了后续更好地对低碳消费行为的影响因素及其作用机制进行分析，需要对移动互联网环境下消费者低碳消费行为的决策路径展开研究。基于此，首先对国内外低碳消费、移动消费和数字化环境下消费者行为等相关领域的文献资料进行梳理，归纳出移动互联网环境下消费者低碳消费行为决策路径的一般概念模型。然后，参考国内权威机构发布的移动互联网消费报告和统计数据，对我国消费者移动消费的特征进行总结。在此基础上，通过问卷调查和深度访谈等多种形式对不同年龄、收入、教育背景和行为特点的消费者及其低碳消费行为进行分析。最后，依据调查结论，对根据文献资料归纳的移动互联网环境下低碳消费行为决策路径的一般概念模型进行细化和改进。

2. 移动互联网环境下消费者低碳消费行为情境因素转化

基于第2章文献综述部分对移动互联网应用现状和发展趋势的分析可知，移动互联网络技术和应用服务系统对消费者低碳消费行为的影响主要体现在以下几个方面：借助移动支付工具及实时定位技术等，可以实现对消费者低碳消费行为的记录与分析，在此基础上可对消费者的低碳消费行为进行定量化的激励（积分或者补贴）；利用移动应用服务系统，可以开展对消费者低碳消费积分的管理；通过移动社交工具，消费者可以将其低碳消费的体验与其他消费者分享和交流。

依据瓜阿诺德（Guagnano）等提出的态度-行为-情境理论（attitude-behavior-external situational conditions，简称ABC）[152]，移动互联网环境下消费者的低碳消费行为受到内部因素和外部环境的交互影响，而移动互联网是消费者低碳消费过程中的一个现实情境。如图3.4所示，通过对移动互联网概念的解构，依据技术接受模型理论（technology acceptance model，简称TAM)[153]将移动互联网环境下低碳消费的个性化、互动性和便捷性等影响因素内化映射为消费者感知有用性，将移动应用服务的易用性内化映射为消费者感知易用性。政府补贴对于低碳消费行为的影响通过消费者对于低碳产品价格的敏感度体现，消费者对于自然环境的关心内化映射为感知环境价值，而低碳消费积分则反映在其他感知价值部分。结合国内外相关领域专家的研究成果，针对上述内化的情境因素设计相应的测量量表，并通过测试性的问卷调查和探索性因子分析结论对建立的量表进行修正。

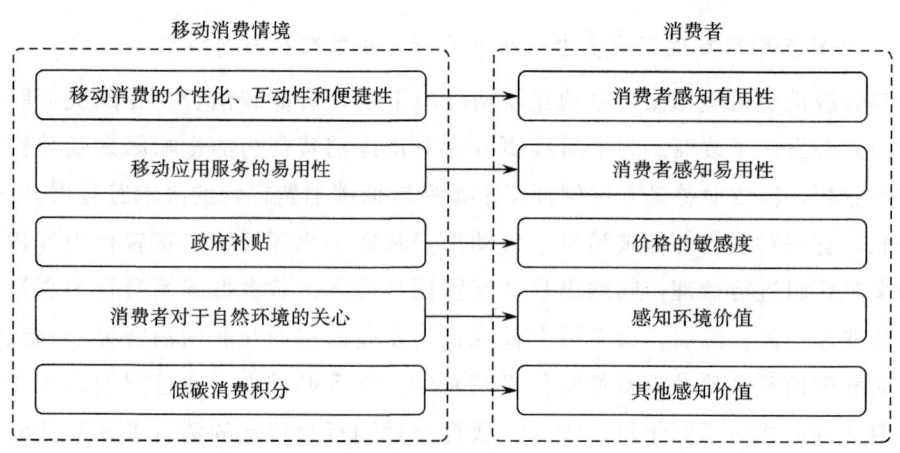

图3.4 移动消费情境映射关系

3. 移动互联网环境下消费者低碳消费行为的影响机制

基于拓展的计划行为理论，构建移动互联网环境下消费者低碳消费行为影响因素模型。其中，主观规范、感知行为控制、对于低碳消费的态度和购买行为意向等潜变量来自传统的计划行为理论，而移动互联网环境下低碳消费的感知有用性、移动应用服务的感知易用性等潜变量受到技术接受模型的启发。消费者对于使用移动互联网进行低碳消费的感知价值（包括感知环境价值和其他感知价值）变量来源于顾客感知价值理论（customer perceived value theory，简称CPVT）[154]。

在通过问卷调查搜集数据并对问卷结果的有效性进行检验的基础上，应用结构方程模型的方法探究移动互联网背景下低碳消费感知有用性、感知易用性、主观规范、感知环境价值、其他感知价值、感知行为控制和对于低碳消费的态度等潜变量对于消费者低碳消费行为意向的作用效果。此外，后文将进一步分析消费者的年龄、性别、教育背景、对于低碳产品价格的敏感度及对于碳标签上低碳信息的信任度等因素对于上述效果的调节作用。移动互联网环境下消费者低碳消费行为影响因素概念模型如图3.5所示。

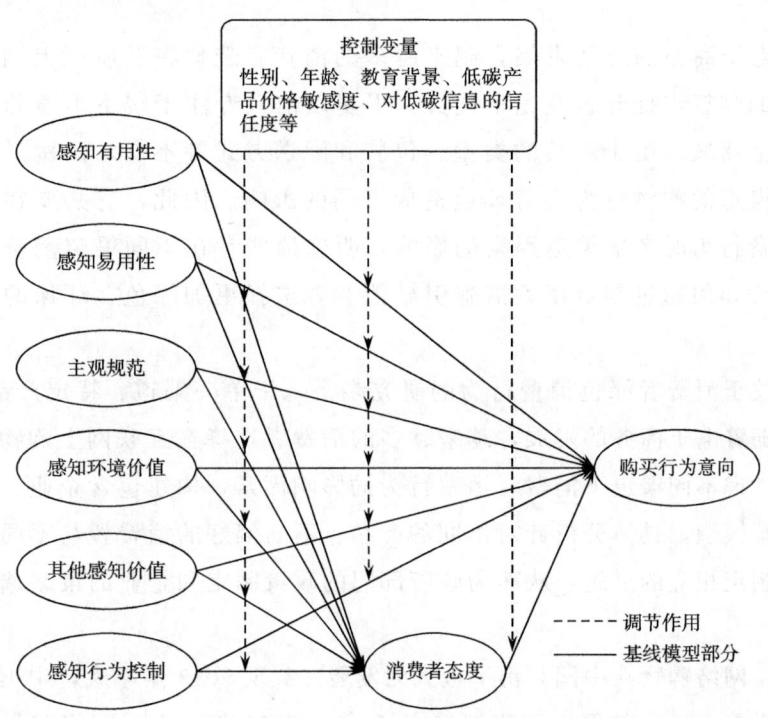

图3.5 移动互联网环境下消费者低碳消费行为影响因素概念模型

第4章 数字化环境下消费渠道选择及其环境影响

人们大半是依据他的意向而思想,依据他的学问与见识而谈话,而其行为则是依据他们的习惯。

——(英)培根

4.1 问题背景

随着电子商务的迅猛发展,越来越多的消费者选择在互联网上购物。为了吸引更多的顾客,提升企业竞争优势,很多以前只专注于线下渠道的企业也选择开设网上商城。由于产品的类型、包装和配送方式等不同,消费者在实体渠道和网络渠道的购物行为会对环境造成不同的影响。因此,有必要在研究消费者绿色消费行为时考虑渠道因素的影响,明确消费者在不同渠道消费时的环境成本,研究如何通过制定相关措施引导消费者选择更加绿色、环保的方式进行消费。

目前关于消费者绿色消费行为的研究多是基于单一渠道、特定产品进行的。事实上,随着电子商务的发展,越来越多的消费者选择在互联网上购物。本章将通过综合考虑不同渠道下消费者消费行为的影响因素,构建包含企业和消费者的供应链决策模型,具体分析针对不同的产品、不同偏好的消费者与不同类型的市场应如何制定相应的措施,从而为政府部门的政策制定和企业的策略选择提供建议和参考。

当前,网络购物在中国获得了极大的发展。截至2013年年底,中国已经超越美国成为世界上最大的网络零售消费市场[155]。2019年,中国网络零售消费额超过90 000亿元,比2018年增加近20 000亿元。在这样的背景下,越来越多的实体经销商选择拓展网络渠道来增加其竞争力[156]。

目前，国家出台了一系列政策来促进电子商务在农村地区的发展。与此同时，一些电子商务巨头像阿里巴巴和京东等也加入了开拓农村市场的行列。然而，由于农村地区消费者分布广，且基础物流设施缺乏，与城市地区相比，农村地区的网上购物和配送将给环境带来不同的影响。因此，消费者的地域分布也是研究绿色消费时需要考虑的因素之一。此外，随着手机和个人电脑的普及，越来越多的年轻人选择在互联网上购物。不同的消费者比例会给环境造成什么样的影响？不同类型的产品，如生鲜食品、易腐坏品和易碎品等又会对环境造成什么影响？

当前一些学者认为网络购物渠道有助于减少消费行为对环境的影响，包括减少库存、减少个人驾车行为和提高配送的规模经济性等[82,157,158]。然而，一些因素也会导致网络渠道比实体渠道消耗更多的资源和排放更多的温室气体，如额外的包装、高频的配送和退货等[83,159]。本章在综合考虑不同类型产品的环境影响、消费者比例和分布的情况下，通过构建分析模型研究渠道选择策略问题，关注的具体问题如下。

问题1：企业的渠道选择及对环境的不同影响。

问题2：在不同的渠道下，消费者比例、分布范围和不同类型的产品对环境的影响。

问题3：政府部门应如何制定政策，引导企业和消费者的渠道选择，从而减少消费行为对环境的影响。

4.2 定义假设和参数

本章模型构建的情境为：一家通过实体渠道进行销售的制造商现在需要决定是否增加网络销售渠道。如图4.1所示，该制造商面对的两种选择如下。

选择1：选择传统渠道（RC），表示为$i=1$。

选择2：选择传统渠道（RC）和网络渠道（OC），即双渠道（DC），表示为$i=2$。

在传统渠道下，供应链包括一家制造商和

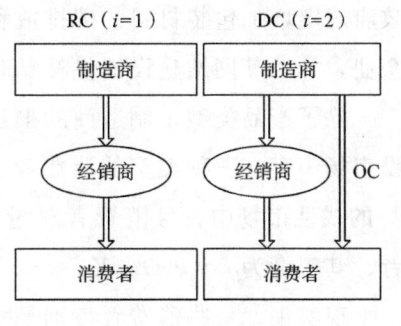

图4.1 渠道模型

一家经销商；在双渠道情境下，制造商通过实体和网络渠道同时销售产品。在传统渠道情境下，制造商的单位生产成本为 c_1，制造商的批发价为 w_1，经销商的零售价为 p_{r1}。在双渠道情境下，制造商的单位生产成本为 c_2，制造商的批发价为 w_2，经销商的零售价为 p_{r2}。

为了便于分析，本章集中分析一家经销商和一种产品的情形。这种产品可以是书、衣服或者水果。考虑到不同的产品在不同的渠道下将对环境造成不同的影响，并产生相应的成本，用 ce 对这种情况进行反映[76]。ce 表示网络渠道相对于传统渠道的单位环境成本差值，简称单位环境成本差值。当 $ce<0$ 时，通过网络渠道购物将比实体渠道产生更少的成本；当 $ce>0$ 时，通过实体渠道购物对环境更有利；当 $ce=0$ 时，表明两种渠道没有显著的区别。对于某些不易腐坏的产品如书籍和电子音像产品等，通过网络销售减少了库存，在这种情况下 $ce<0$[160]；而对于一些生鲜产品，如水果、蔬菜和海鲜等，单独的配送需要更多的包装、保鲜和制冷措施，在这种情况下 $ce>0$[83]。

在 RC 情境下，假设制造商根据经销商的订单进行生产，不考虑制造商的库存[161]，并假设在制造后产品直接配送至经销商处进行销售，因此忽略经销商的库存成本[162]。在不失一般性的情况下，假设从制造商到经销商的运输费用由制造商支付，这部分费用包含在 c_1 中。

co 表示由其他因素导致的单位成本差值，简称单位其他因素成本差值，如建立和维护网店的成本、在双渠道情境下制造商的库存成本及包装和配送费用等。与 ce 类似，co 的取值同样可正可负。

可以得出，OC 和 RC 两种渠道成本的差异为 $c_2-c_1=ce+co$。进一步地，可以发现政府的政策将对 ce 和 co 造成影响，并最终影响企业的渠道选择。例如，当政府规定增加包装材料的碳排放税时，ce 将会相应增加；如果在政策上支持传统企业，如对其网站建设提供补贴时，co 将会相应减小[163]。

除了产品类型，制造商的渠道选择策略还受到消费者比例和分布的影响。假设市场中存在三种类型的消费者（$j=0,1,2$），所有的消费者分布在一个长度为 X 的线性市场中，且消费者总量（市场规模）保持为 D_0，则对于 j 类型的消费者，其密度为 $\rho_j=\theta_j D_0/X$。

现实中，一些消费者特别是一些中老年人倾向于在实体店消费，而年轻的消费者则更倾向于在网络上购物。还有一些消费者对于实体渠道和网络渠道持中立态度，他们更多地在购物的便捷性、产品价格等方面进行权衡。用 θ_0 表示没有明显倾向性的消费者比例（用类型 0 表示），用 θ_1 表示选择传统渠道的消费者比例（用类型 1 表示），用 θ_2 表示选择网络渠道的消费者比例（用类型 2 表示），则三种类型的消费者的最大数量分别是 $\theta_0 D_0$、$\theta_1 D_0$ 和 $\theta_2 D_0$。

对于对两种渠道没有明显倾向性的消费者，假设其感知到的产品价值为 U，且具有一致性，且机会成本和距离之间具有正的线性关系[80,164]。用 t 表示单位距离成本。消费者对于网络渠道下产品感知的价值为 kU，k 为网络渠道相对于传统渠道的消费者产品价值感知差异系数，k 与产品的特性有关。根据文献［165］的研究，假设 $0 < k \leqslant 1$，$k = 1$ 表示该种产品在两种渠道下没有差异，如图书、软件等。对于某些注重用户体验的产品，如衣服、鞋子等，$k < 1$[165]。基于上述内容，消费者选择传统渠道获得的效用为 $U_r = U - p_{ri} - td$，d 表示消费者到经销商的距离，选择网络渠道获得的效用为 $U_e = kU - p_e$，p_e 为制造商网络渠道价格。

假设制造商只选择传统渠道（$i = 1$），类型为 0 的消费者只在 $U_r > 0$ 的情况下选择通过传统渠道购买，即 $d < \dfrac{U - p_{r1}}{t} = d'_1$。结合消费者密度计算方法，在制造商只选择传统渠道的情况下，类型为 0 的消费者的需求函数为

$$Q_{01} = d'_1 \rho_0 = \frac{\theta_0 D_0 (U - p_{r1})}{tX} \tag{4.1}$$

假设制造商选择双渠道（$i = 2$），类型为 0 的消费者只在 $U_r > U_e$ 的情况下选择通过传统渠道购买，即 $d < \dfrac{(1-k)U + p_e - p_{r2}}{t} = d'_2$。在制造商选择双渠道的情况下，类型为 0 的消费者的需求函数为

$$Q_{02} = d'_2 \rho_0 = \frac{\theta_0 D_0 [(1-k)U + p_e - p_{r2}]}{tX} \tag{4.2}$$

用 ξ_j（$j = 1, 2$）表示价格弹性系数，即一单位的价格增长导致的需求减少。对于类型为 1 和 2 的消费者，其需求函数为

$$Q_{1i} = \theta_1 D_0 - \xi_1 p_{ri} (i = 1, 2) \tag{4.3}$$

$$Q_2 = \theta_2 D_0 - \xi_2 p_e \tag{4.4}$$

本章建模所使用的变量及其含义见表 4.1。

表 4.1 模型变量及其含义

参数方描述	模型变量	含义
消费者	D_0	市场规模
	X	消费者分布范围
	θ_j	类型消费者的比例($j=0,1,2$)
	ρ_j	类型消费者的密度($j=0,1,2$)
	d	消费者到经销商的距离
	t	单位距离成本
	U	消费者感知到的产品价值
	k	消费者产品价值感知差异系数($0<k\leqslant 1$)
	ξ_j	价格弹性系数($j=1,2$)
制造商	w_i	决策变量,制造商批发价格($i=1,2$)
	p_e	决策变量,制造商网络渠道价格
	c_1	传统渠道下制造商的单位生产成本
	c_2	网络渠道下制造商的单位生产成本
经销商	p_{ri}	决策变量,经销商的零售价格($i=1,2$)
其他	ce	单位环境成本差值
	co	单位其他因素成本差值

4.3 模型构建

4.3.1 实体渠道情境

在这种情境下,制造商只通过传统渠道销售产品。因为渠道由制造商控制,制造商具有策略选择的主动权,并可以影响经销商的策略。因此,这种情况下,制造商和经销商之间的相互作用关系可以视作斯塔克尔伯格(Stackelberg)博弈,其中制造商作为领导者而经销商作为跟随者。对制造商来说,可以通过选择合适的批发价使利益最大化。制造商的效用函数为

$$\max \pi_{m1} = (w_1 - c_1)(Q_{01} + Q_{11}) \tag{4.5}$$

将式(4.1)和式(4.3)代入式(4.5),可得

$$\max \pi_{m1} = \theta_0 D_0 (w_1 - c_1)(U - p_{r1})/tX + (w_1 - c_1)(\theta_1 D_0 - \xi_1 p_{r1}) \tag{4.6}$$

对于经销商来说,可以通过选择合适的零售价使利益最大化。经销商的效用函数为

$$\max \pi_{r1} = (p_{r1} - w_1)(Q_{01} + Q_{11}) \tag{4.7}$$

将式（4.1）和式（4.3）代入式（4.7），可得

$$\max \pi_{r1} = \theta_0 D_0 (U - p_{r1})(p_{r1} - w_1)/tX + (p_{r1} - w_1)(\theta_1 D_0 - \xi_1 p_{r1}) \quad (4.8)$$

用一个两阶段 Stackelberg 博弈分析制造商和经销商之间的相互作用关系。首先，在考虑经销商可能行动的基础上，制造商作出决策并给出初始 w_1 值。然后，经销商将制造商的决策作为输入，以效用最大化为目标作出决策，并根据制造商的决策调整策略。这个过程一直持续，直到两者都不再改变策略，博弈即达到均衡状态[166,167]。制造商和经销商的策略集就是该博弈的均衡解。

用逆向归纳法求该模型的均衡解[168]。首先计算经销商的效用，然后寻找在考虑经销商反应条件下制造商的最优策略。

基于以上内容和式（4.8），经销商最优反应的一阶导数为

$$\frac{\partial \pi_{r1}}{\partial p_{r1}} = \frac{-\theta_0 D_0 (w_1 + U - 2p_{r1}) + tX(\theta_1 D_0 + \xi_1 w_1 - 2\xi_1 p_{r1})}{tX} \quad (4.9)$$

二阶条件为

$$\frac{\partial^2 \pi_{r1}}{\partial p_{r1}^2} = \frac{-2\theta_0 D_0 - 2\xi_1 tX}{tX} < 0 \quad (4.10)$$

由式（4.10）可知，π_{r1} 是关于 p_{r1} 的严格凹函数。令式（4.9）等于 0，可以求得最优的 p_{r1} 的值。

$$p_{r1} = \frac{\theta_0 D_0 (w_1 + U) + tX(\theta_1 D_0 + \xi_1 w_1)}{2(\theta_0 D_0 + \xi_1 tX)} \quad (4.11)$$

将式（4.11）代入式（4.6），则 π_{m1} 关于 w_1 的二阶导数为

$$\frac{\partial^2 \pi_{m1}}{\partial w_1^2} = -(\theta_0 D_0 + \xi_1 tX) < 0 \quad (4.12)$$

令 π_{m1} 关于 w_1 的一阶导数为 0，可以求得最优的 w_1 为

$$w_1^* = \frac{c_1(\theta_0 D_0 + \xi_1 tX)^2 + U(\theta_0 D_0)^2 + U\xi_1 \theta_0 D_0 tX + \theta_1 \theta_0 D_0^2 tX + \xi_1 \theta_1 D_0 (tX)^2}{2(\theta_0 D_0 + \xi_1 tX)^2}$$

$$(4.13)$$

将式（4.13）代入（4.11），可得最优的零售价为

$$p_{r1}^* = \frac{\theta_0 D_0 (w_1^* + U) + tX(\theta_1 D_0 + \xi_1 w_1^*)}{2(\theta_0 D_0 + \xi_1 tX)} \quad (4.14)$$

得到该两阶段博弈的均衡解（w_1^*, p_{r1}^*）后，代入式（4.6）和式（4.8），可得经销商和制造商的最大效用分别为

$$\pi_{r1}^* = \theta_0 D_0 (p_{r1}^* - w_1^*)(U - p_{r1}^*)/tX + (p_{r1}^* - w_1^*)(\theta_1 D_0 - \xi_1 p_{r1}^*)$$

$$\pi_{m1}^* = \theta_0 D_0 (w_1^* - c_1)(U - p_{r1}^*)/tX + (w_1^* - c_1)(\theta_1 D_0 - \xi_1 p_{r1}^*)$$

4.3.2 双渠道情境

在4.3.1节中分析了制造商只通过传统渠道销售产品的情境，本节中将分析制造商选择双渠道（$i=2$）的情形。在这种情境下，制造商通过传统和网络两种渠道销售产品。

与传统渠道类似，制造商首先决策并给出初始的 w_2 和 p_e 的值。经销商将制造商的决策作为输入并选择 p_{r2}，使其效用最大化。将制造商和经销商之间的相互作用关系视作 Stackelberg 博弈，其中制造商为领导者，经销商为跟随者。经销商和制造商的效用函数分别为

$$\max \pi_{r2} = (p_{r2} - w_2)Q_{02} + (p_{r2} - w_2)Q_{12} \tag{4.15}$$

$$\max \pi_{m2} = (w_2 - c_1)(Q_{02} + Q_{12}) + (p_e - c_1 - ce - co)(X\rho_0 - Q_{02})$$
$$+ (p_e - c_1 - ce - co)Q_2 \tag{4.16}$$

在式（4.15）和式（4.16）中，Q_{02} 表示类型为0的顾客的数量，$X\rho_0 - Q_{02}$ 表示选择网络渠道的顾客数量。将式（4.2）、式（4.3）和式（4.4）代入式（4.15），可得

$$\max \pi_{r2} = \theta_0 D_0 [(1-k)U + p_e - p_{r2}](p_{r2} - w_2)/tX + (p_{r2} - w_2)(\theta_1 D_0 - \xi_1 p_{r2}) \tag{4.17}$$

将式（4.2）和式（4.3）代入式（4.16），可得

$$\max \pi_{m2} = \theta_0 D_0 (w_2 - c_1)[(1-k)U + p_e - p_{r2}]/tX + (w_2 - c_1)(\theta_1 D_0 - \xi_1 p_{r2})$$
$$+ \theta_0 D_0 [tX - (1-X)U - p_e + p_{r2}](p_e - c_1 - ce - co)/tX$$
$$+ (p_e - c_1 - ce - co)(\theta_2 D_0 - \xi_2 p_e) \tag{4.18}$$

同样，用逆向归纳法求解该博弈模型的纳什均衡解。结合式（4.17），经销商最优反应的一阶条件为

$$\frac{\partial \pi_{r2}}{\partial p_{r2}} = \frac{-2(\theta_0 D_0 + \xi_1 tX)p_{r2} + \theta_0 D_0 [(1-k)U + w_2 + p_e] + (\theta_1 D_0 + \xi_1 w_2)tX}{tX} \tag{4.19}$$

二阶条件为

$$\frac{\partial^2 \pi_{r2}}{\partial p_{r2}^2} = \frac{-2\theta_0 D_0 - 2\xi_1 tX}{tX} < 0 \tag{4.20}$$

令式（4.19）等于0，可得 p_{r2} 的最优解为

$$p_{r2}^* = \frac{\theta_0 D_0[w_2 + p_e + (1-k)U] + tX(\theta_1 D_0 + \xi_1 w_1)}{2(\theta_0 D_0 + \xi_1 tX)} \quad (4.21)$$

将式（4.21）代入式（4.18），可得

$$\frac{\partial^2 \pi_{m2}}{\partial p_{r2}^2} = \frac{-\theta_0 D_0(\theta_0 D_0 + 2\xi_1 tX)}{tX(\theta_0 D_0 + \xi_1 tX)} - 2\xi_2 < 0 \quad (4.22)$$

$$\frac{\partial^2 \pi_{m2}}{\partial w_2^2} = \frac{-\theta_0 D_0}{tX} - \xi_1 < 0 \quad (4.23)$$

$$\frac{\partial^2 \pi_{m2}}{\partial w_2 \partial p_e} = 0 \quad (4.24)$$

由式（4.22）、式（4.23）和式（4.24）可知，π_{m2} 是关于 p_e 和 w_2 的联合凹函数。因此，令 π_{m2} 关于 p_e 和 w_2 的一阶导数为 0，可以得到最优解为

$$p_e^* = \frac{A_1 + A_2 + A_3 + A_4}{2[(\theta_0 D_0)^2 + 2\theta_0 D_0 tX + 2\xi_2(\theta_0 D_0 + \xi_2 tX)]}$$

$$w_2^* = \frac{B_1 + B_2}{2(\theta_0 D_0 + \xi_1 tX)^2}$$

其中 $A_1 = \theta_0 D_0 tX(2\theta_0 D_0 + 2tX + \theta_1 D_0 + \xi_1 w_2)$

$A_2 = -\theta_0 D_0(\theta_0 D_0 + 2\xi_1 tX)[(1-k)U - c_1 - ce - co] - (\theta_0 D_0)^2 w_2$

$A_3 = 2tX(\theta_0 D_0 + \xi_1 tX)[\theta_2 D_0 + \xi_2(c_1 + ce + co)]$

$A_4 = \theta_0 D_0(\theta_0 D_0 + \xi_1 tX)(w_2 - c_1)$

$B_1 = \theta_0 D_0\{(\theta_0 D_0 + 2\xi_1 tX)[U(1-k) + p_e] + c_1(\theta_0 D_0 + \xi_1 tX) - tX\theta_1 D_0\}$

$B_2 = tX\{(\theta_0 D_0 + \xi_1 tX)(c_1\xi_1 + 2\theta_1 D_0) - \xi_1\theta_0 D_0[(1-k)U + p_e] - \xi_1\theta_1 D_0 tX\}$

将 A_1、A_2、A_3、A_4、B_1、B_2 代入式（4.21），得到经销商的最优零售价为

$$p_{r2}^* = \frac{\theta_0 D_0[(1-k)U + w_2^* + p_e^*] + tX(\theta_1 D_0 + \xi_1 w_2^*)}{2(\theta_0 D_0 + \xi_1 tX)}$$

将 p_e^*、w_2^*、p_{r2}^* 代入式（4.17）和式（4.18），可得经销商和制造商的最大效用分别为

$$\pi_{r2}^* = \theta_0 D_0[(1-k)U + p_e^* + p_{r2}^*](p_{r2}^* - w_2^*)/tX + (p_{r2}^* - w_2^*)(\theta_1 D_0 - \xi_1 p_{r2}^*)$$

$$\pi_{m2}^* = \theta_0 D_0(w_2^* - c_1)[(1-k)U + p_e^* - p_{r2}^*]/tX + (w_2^* - c_1)(\theta_1 D_0 - \xi_1 p_{r2}^*)$$
$$+ \theta_0 D_0(p_e^* - c_1 - ce - co)[tX - (1-k)U - p_e^* + p_{r2}^*]/tX$$
$$+ (p_e^* - c_1 - ce - co)(\theta_2 D_0 - \xi_2 p_{r2}^*)$$

用 Π_{EC} 表示网络和传统两种渠道之间总的环境成本差值，若 Π_{EC} 的值为正则双渠道的环境成本比传统渠道高。$Q_2 + X\rho_0 - Q_{02}$ 表示通过网络渠道销售的总的产

品数量。Π_{EC} 可以表示为

$$\Pi_{EC}=(Q_2+X\rho_0-Q_{02})ce \qquad (4.25)$$

将式（4.2）、式（4.4）和 p_e^*、w_2^*、p_{r2}^* 代入式（4.25），可得

$$\Pi_{EC}=\theta_0 D_0[tX-(1-k)U-p_e^*+p_{r2}^*]ce/tX+(\theta_2 D_0-\xi_2 p_e^*)ce$$

为了更加直观地展示单位环境成本差值（ce）对于制造商和经销商决策的影响，下一节将综合消费者的分布范围和市场结构等因素分析制造商的渠道选择策略。

4.4 数值分析

本节将通过数值分析的方法对 4.3 节的分析进行补充和拓展，数值实验通过平台 Matlab R2016a 完成。为了分析消费者类型对于渠道选择策略的影响，考虑三种不同类型的市场结构[169,170]。在Ⅰ型市场中，绝大多数为类型为 0 的消费者；在Ⅱ型市场中，绝大多数为类型为 2 的消费者；在Ⅲ型市场中，绝大多数为类型为 1 的消费者，见表 4.2。

表 4.2　各类型市场消费者比例

消费者比例	市场类型		
	Ⅰ	Ⅱ	Ⅲ
θ_0	0.6	0.2	0.2
θ_1	0.2	0.2	0.6
θ_2	0.2	0.6	0.2

假设市场规模（D_0）为 50 000，消费者的分布范围（X）设定为 35 千米。传统渠道下，单位生产成本（c_1）设定为 30，初始的 co 值设定为 10。假定传统和网络渠道下价格弹性系数（ξ_i）相等，为 200。产品价值感知差异系数（k）初始值设置为 0.8，单位距离成本（t）设置为 1。

图 4.2 显示了消费者分布范围（X）、单位环境成本差值（ce）和不同类型的消费者比例（θ_j）对于制造商决策的影响。由图 4.2 可知，在所有的情形下，当消费者分布范围增大时，制造商选择传统渠道的效用（π_{m1}^*）减小。由图 4.2（a，c）可知，当 X 较小时（消费者密度较高），在 $ce>0$ 的情况下，选择传统渠道对环境更有利。在这种情况下，制造商更愿意选择传统渠道。从图 4.2（b）中可以看

出,当市场中消费者类型多为类型2时,对于制造商来说,双渠道是比传统渠道更好的选择。

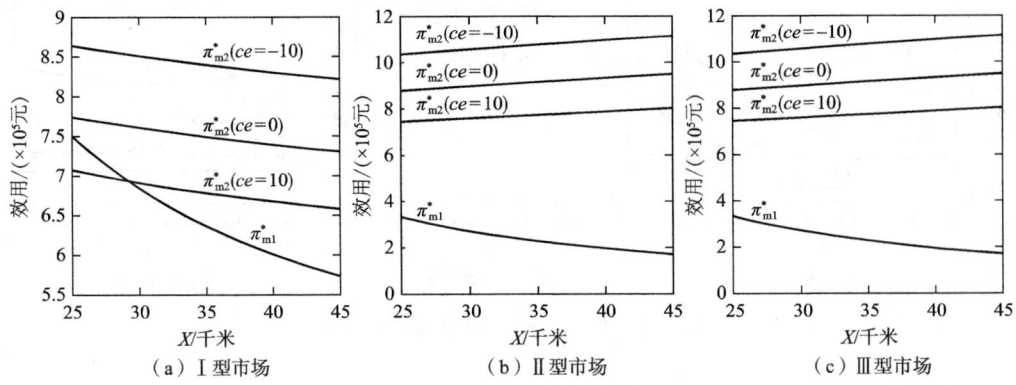

图 4.2 X、ce 和 θ_j 的影响比较分析

图 4.3 显示了渠道差异系数(k)、单位环境成本差值(ce)和不同类型的消费者比例(θ_j)对于制造商决策的影响。与图 4.2 类似,在所有的情形下,当 ce 增大时,制造商选择双渠道的效用增大。如图 4.3(b)所示,在Ⅱ型市场中,当 k 增大时,选择双渠道变得有利。在图 4.3(c)中,可以发现,当类型为 1 的消费者占大多数时,当 k 增大时,在 $ce=0$ 的情况下,双渠道的效用先减小后增大;在 $ce=10$ 的情况下,双渠道的效用将逐渐减小并趋于一个常数;在 $ce=-10$ 的情况下,双渠道的效用将逐渐增大。从图 4.3(a)中可以发现,在 $ce=0$ 和 $ce=-10$ 的情况下,双渠道的效用将随 k 值的增大而增大。在 $ce=10$ 的情况下,双渠道的效用将随 k 值的增大先减小后增大,在一些特定的参数区间内 $\pi_{m1}^* > \pi_{m2}^*$。

图 4.4 显示了单位环境成本差值(ce)、单位其他因素成本差值(co)和不同类型的消费者比例(θ_j)对于制造商决策的影响。如图 4.4 所示,在所有的情形下,当 co 增大时,双渠道的效用减小。如图 4.4(b)所示,在Ⅱ型市场中,双渠道更有优势。从图 4.3(a,c)中可以发现,co 的值较大时,传统渠道的效用也增大。

图 4.5 显示了单位环境成本差值(ce)、单位距离成本(t)和不同类型的消费者比例(θ_j)对于制造商决策的影响。在图 4.5(a)中可以看到,双渠道的效用随着 t 的增大先减小再增大。在图 4.5(b)中可以发现,当市场上类型为 2 的消费者占大多数时,当 t 增加时,双渠道的效用也会增大。如图 4.5(c)所示,当市场类型为Ⅲ即有更多的 1 型消费者时,双渠道的效用随着 t 的增大而减小。随着 ce 的增大,传统渠道将更有优势。

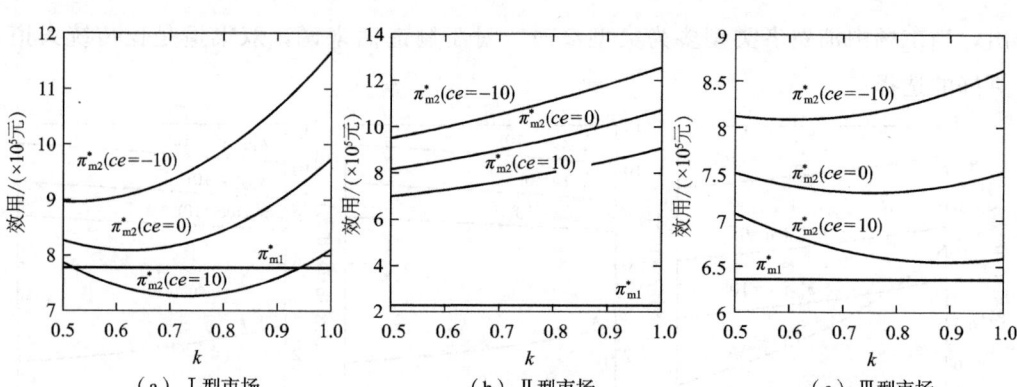

图 4.3 k、ce 和 θ_j 的影响比较分析

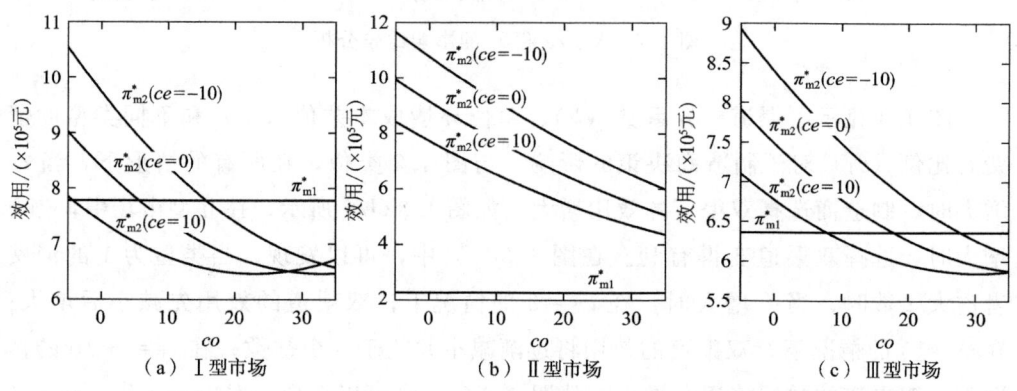

图 4.4 ce、co 和 θ_j 的影响比较分析

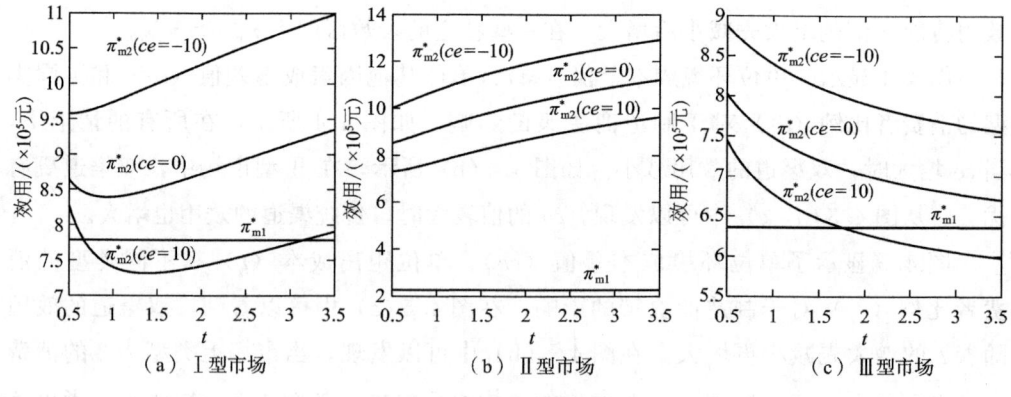

图 4.5 ce、t 和 θ_j 的影响比较分析

图 4.6 显示了单位环境成本差值（ce）、市场规模（D_0）和不同类型的消费者比例（θ_j）对于制造商决策的影响。当 X 的值固定时，随着市场规模的增加，消

费者的密度增大。如图 4.6 所示,在所有的情形中,当消费者的分布范围增大时,传统渠道和双渠道的效用 π_{m1}^*、π_{m2}^* 都将增大。当 ce 减小时,双渠道的效用增大。如图 4.6(a,c)所示,当市场规模较小时(消费者密度低),制造商适合选择传统渠道;当市场规模增大时,双渠道将更有优势。在图 4.6(b)中可以看到,在 Ⅱ 型市场中,类型为 2 的消费者占大多数时,双渠道更有优势。

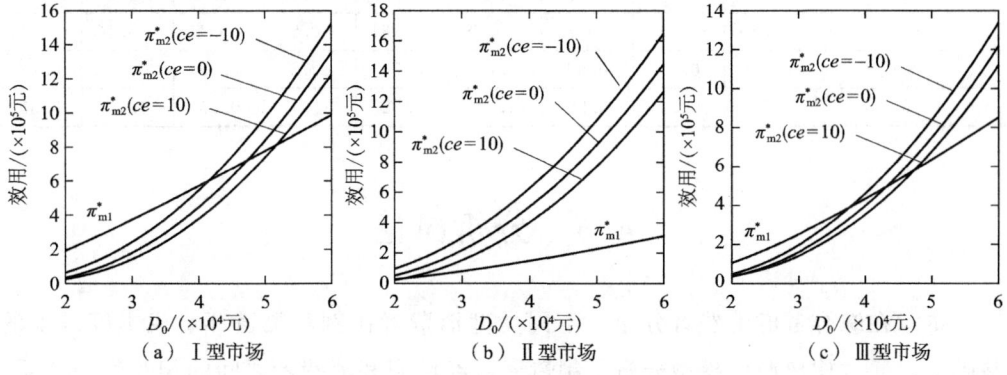

图 4.6 ce、D_0 和 θ_j 的影响比较分析

单位环境成本差值(ce)、消费者分布范围(X)和不同类型的消费者比例(θ_j)对于渠道间总环境成本差值的影响见图 4.7 和表 4.3。如果 Π_{EC} 的绝对值较大,说明两种渠道对环境的影响差别较大。如图 4.7 所示,Π_{EC} 随 ce 的增大而增大。从表 4.3 中可以发现,当 X 较大时,Π_{EC} 的绝对值也较大。具体来说,对于 Ⅱ 型市场(类型为 2 的消费者占大多数),在 ce 较大的情况下,Π_{EC} 的变化将较大。

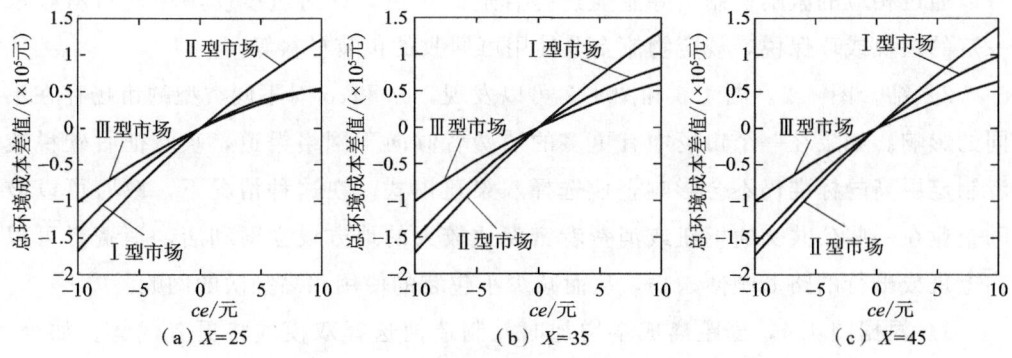

图 4.7 总环境成本比较分析

表 4.3 不同 ce 和 X 下总环境成本

ce/元	总环境成本/($\times 10^5$ 元)								
	Ⅰ型市场消费者分布范围 X/千米			Ⅱ型市场消费者分布范围 X/千米			Ⅲ型市场消费者分布范围 X/千米		
	25	35	45	25	35	45	25	35	45
−10	−1.41	−1.52	−1.59	−1.68	−1.72	−1.74	−1.00	−1.00	−1.00
−5	−0.59	−0.67	−0.72	−0.78	−0.81	−0.82	−0.45	−0.46	−0.47
5	0.37	0.47	0.65	0.67	0.71	0.73	0.33	0.35	0.37
10	0.52	0.81	0.98	1.21	1.32	1.37	0.55	0.61	0.65

4.5 分析讨论

本章在综合考虑消费者分布、不同类型消费者比例和渠道环境成本等因素的基础上，通过构建博弈模型分析了制造商、经销商和消费者之间的相互作用关系。在模型分析的基础上可以得出如下结论：

1) 结合图 4.2、图 4.4 和图 4.6 的分析可以发现，当 $ce>0$，即实体渠道环境成本较小时，制造商选择传统渠道有利于减少对环境的影响。然而，当市场上更多的消费者倾向于网络渠道或者消费者的密度较大时，制造商选择双渠道显然获益更多。例如，对于生鲜产品和易碎品，通过网络渠道销售将使用更多的包装材料，当这些材料的成本不高时，企业将选择通过网络销售。在这种情况下，政府可以通过相应的激励机制引导企业选择合适的渠道，如对过度使用填充材料收取一定的碳税或环保税，规定物流企业使用可回收的包装材料等。

2) 结合图 4.2、图 4.6 和图 4.7 可以发现，ce 和 co 对不同类型的市场存在不同的影响。如果在一个市场中有更多的消费者倾向于网络渠道，政府征收碳税或者制定更高的标准仍不会影响企业选择双渠道模式。在这种情况下，政府可以鼓励企业在一些公共交通枢纽或消费者密度比较大的地方设立便利店，消费者可以在上班或出行的路上顺便购物，从而减少小包装的使用和高频次的网购。

3) 根据图 4.4，当距离成本增加时，制造商选择双模式将更有优势。如今，实体店购物越来越少，而网络购物愈发流行。为了减少网络渠道对环境的不利影响，政府应要求物流企业选择更环保的运输方式和配送装置。这些措施有助于将环境成本纳入渠道成本，促使消费者和企业作出更合理的选择。

4) 从图 4.3 中可以发现，当 k 增大即消费者通过网络渠道获得的效用增大时，企业选择双渠道模式将更加有利。结合4.4节中对于图4.3和图4.7的分析，可知当网络渠道对环境有利时，增大k将有利于引导消费者作出正确的选择。通过一些技术或管理手段缩小实体和网络渠道购物体验的差别有助于消费者选择合适的购物渠道，最终实现降低排放和减少污染的目的。例如，很多消费者倾向于在实体店购买服装，因为在实体店可以见到实物并当场试衣。与实体店相比，网络渠道减少了库存和展示环节消耗的资源和排放，但是消费者不能看到实物和试穿。快速发展的虚拟试衣技术正在致力于解决这一问题。通过虚拟试衣技术，消费者可以看到虚拟的试衣效果。这些技术的发展不但给消费者的网络购物带来了更多的便利，而且减少了退换货的次数，从而减少了消费者购物行为对环境造成的不利影响。

第 5 章 绿色标志产品认证及其对绿色消费的促进作用

> 信用既是无形的力量,也是无形的财富。
> ——(日)松下幸之助

5.1 问题背景

绿色标志是生产者和消费者之间绿色信息传递的重要渠道。随着全球范围内生态问题的凸显及公众环境意识的日益提高,以效率、和谐与持续为目标的绿色发展理念得到各国政府、企业及消费者的认可,并被公认为是推动经济结构调整、实现人与自然和谐共生的关键举措。在这样的背景下,区别于普通产品,向消费者展示企业在环保方面的努力与追求的绿色标志产品及相应的认证体系应运而生。

理想的情况下,政府部门设立绿色认证体系,企业参与绿色认证,消费者购买绿色标志产品,是一项多方共赢的活动。其中,消费者可以通过购买绿色标志产品实现对于自身健康和自然环境的关注[23,171];企业可以通过参与绿色认证获得产品溢价,同时塑造良好的社会形象;政府可以通过绿色认证体系提升绿色消费氛围,促进绿色生产和绿色消费之间的良性互动。

然而现实中,很多企业参与绿色认证的积极性并不高,而消费者对于绿色标志产品的认可度也有待进一步提升。企业和消费者的双重冷漠导致绿色标志认证的影响力无法持续扩大,对于绿色发展的推动作用也没有得到有效发挥。笔者通过对相关领域文献的梳理,从绿色标志产品供给和消费两方面对阻碍绿色标志认证发展的因素及其形成原因进行了归纳。

(1)绿色标志产品供给端

市场上"漂绿"现象普遍存在,影响了绿色认证体系的权威性,降低了消费者对绿色标志产品的信心和企业参与绿色认证的积极性。针对绿色标志的"漂绿"行为主要有两类：①没有获得绿色认证的企业在产品绿色度方面虚假宣传，误导消费者；②企业在获得绿色标志认证后不严格执行标准，导致产品绿色度下降。对于第一类"漂绿"行为，随着数字防伪技术的进步及新闻媒体的曝光，基本得到了有效的控制。但对于第二类"漂绿"行为，由于标志使用主体数量众多，生产工艺和流程差别较大，监管者和监管对象之间信息不对称，政府部门为单一监管主体，以行政命令为主要监管手段的传统监管模式难以对绿色认证企业进行有效监管。

（2）绿色标志产品消费端

针对消费者购买绿色标志产品行为的激励机制还有待进一步完善。与普通产品相比，绿色标志产品需要执行更高的环境标准，由此导致的生产成本增加只能通过市场价格弥补。而对于消费者来说，只有当其感知到绿色标志产品的价值增量超过相较于普通产品的溢价时，才有可能将绿色标志产品纳入考虑范围。在这种情况下，政府部门除了通过舆论宣传提升消费者的环境意识外，还需对消费者的绿色消费行为进行适度补贴。然而，在传统的消费情境下，无论是政府部门还是企业都很难对消费者的个人消费行为进行记录、汇总和分析，因此难以实现对消费者的绿色消费行为进行精准化、个性化和多样化的激励。

绿色标志监管属于市场监管的范畴。目前在市场监管领域影响力逐渐扩大的智慧监管理念为相关问题的解决提供了启发。智慧监管是在社会治理多元化背景下发展起来的一种全新的监管理论[172,173]。20世纪80年代，一些西方国家发现传统的依靠行政命令与罚款的监管模式无法有效应对大规模工业化生产伴生的各种环境污染问题，由此开始了监管智慧化改革。

智慧监管理论主张多主体参与，采用多种监管手段，以监管信息平台为纽带，这和我国在市场监管领域大力推行的"双随机、一公开"制度具有相似的理论内核。当前，以"双随机、一公开"为指导思想建立的监管体系已经在部分地区开始推行，并在产品质量、政府采购和生产安全等领域积累了很多有益的经验。然而，在企业绿色行为监管方面如何落实该制度还少有学者研究。结合智慧监管理论与"双随机、一公开"制度，探索针对绿色认证企业的监管模式及其运行机制具有重要的理论和实际意义。

随着数字化时代的到来，移动互联网、大数据和云计算等新兴信息技术的发展为消费者绿色消费行为定量化激励提供了技术基础与实现途径。伴随着移动终端的普及、移动应用服务生态系统的完善及移动消费场景的日益丰富，消费者购物的便利性、购物时间的碎片化和购物地点的泛在化需求可以最大限度地得到满足，而物联网、移动支付和实时位置共享等技术正引导线上和线下消费的融合与相互促进。在这种背景下，传统意义上消费者分散的购买行为难以被记录、追踪和反馈等一系列问题逐步得到解决，给消费者绿色消费行为研究与促进带来了新的机遇。

目前已有学者针对定量化补贴政策、绿色积分和定制化信息等对消费者绿色消费行为的作用效果及作用机制进行了研究，并取得了很多具有参考价值的理论成果，在数字化环境下绿色消费行为定量化激励方面也已经有成功的实践案例，但关于消费者对定量化激励方式选择偏好及各种激励方式适用情况的研究还比较少，开展相关的研究可以为政府部门的政策制定和企业经营策略的选择提供理论参考。

综上所述，在促进绿色标志认证发展的过程中，监管与激励是相辅相成的关系。只有实现对绿色认证企业的有效监管，同时对消费者绿色标志产品消费行为进行精准化激励，才能完善绿色标志的价值传导链条，促进绿色标志产品消费市场的持续发展。图5.1所示为笔者归纳的智慧监管与定量激励驱动下绿色标志认证发展机制概念模型。图5.1中，通过应用智慧监管模式提升消费者对于绿色标志的信任度是促进绿色标志产品消费的"撬杠"。只有构建消费者对于绿色标志的信任机制，定量化激励的驱动力才能传导到绿色标志产品消费端，进而推动绿色标志认证发展的正向循环。

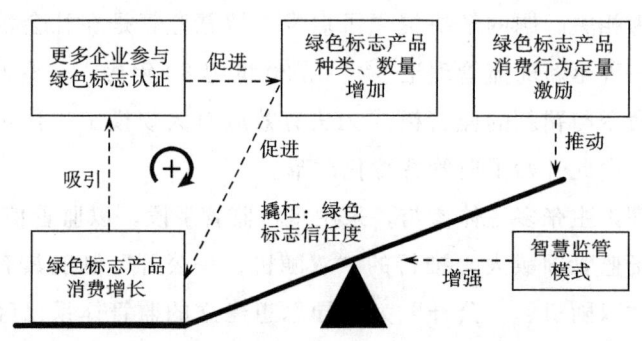

图 5.1　绿色标志认证发展机制概念模型

5.2　绿色标志认证发展现状及存在的问题

作为促进绿色生产与绿色消费之间良性互动的重要手段之一，绿色标志认证在全世界范围内都受到了认可与重视。绿色认证体系（green-labelling schemes）通常是由政府或相关机构发起的，用来证明企业在其生产过程中遵守相关规定，减少了废气、废水和固体废弃物等的排放，降低了对环境的影响。通常情况下，绿色认证遵循企业自愿申请的原则。首先，意向企业向相关认证机构递交申请和证明材料。然后，认证机构对企业的生产、配送和销售等环节进行检查。如果认证机构在审核后认为申请企业的各个环节符合认证体系的相关标准，则该企业将被授权在一定期限内使用绿色标志（green-labelling）。认证企业可以在产品包装的指定位置印刷绿色认证产品标志，以向消费者传达其在环保方面的努力[39,174]。

绿色标志是绿色消费中一个重要的概念，它既是政府引导绿色消费的一种手段和渠道，也是企业和消费者之间绿色信息传递的媒介。绿色标志又称为环境标志，包括低碳标识、能效标识和有机标识等。各个国家及国际组织对绿色标志有着不同的理解和定义。例如，经济合作与发展组织（简称经合组织，即 OECD）于 1991 年在经合组织国家绿色标志体系论坛上将绿色标志定义为由私人或公共机构授予的自愿型标志，目的是告知消费者，从而促进相对于功能一致的竞争产品而言对环境更友好的产品的消费。

国际标准化组织（ISO）发布的环境标志一般原则申明中关于环境标志的定义是：环境标志是用来表达产品或服务环境因素的声明，其形式可以是张贴在产品或包装物上的标签，或是置于产品文字资料、技术公告、广告或出版物内，与其他信息相伴随的告白、符号或图形[175]。

原中国环境标志产品认证委员会对环境标志的定义是：一种标在产品或其包装上的标签，是产品的"证明性商标"。绿色产品认证标志表明该产品不仅质量合格，而且在生产、使用和处理处置过程中符合特定的环境保护要求，与同类产品相比具有低毒少害、节约资源等环境优势[176]。

综上所述，可以将绿色标志定义为由政府部门、公共或民间团体依照一定的环保标准，向申请者颁发并印刷在产品和包装上的一类特定标志，用来向消费者证明该产品从研制、开发到生产、运输、销售、使用直至回收利用的整个过程都符合相关环境保护标准，对生态环境和人类健康均无损害。

从绿色标志认证体系发展历程来看，国外的绿色标志认证发展较早。从 1978 年德国最早开始使用"蓝天使"（blue angel）环境标志以来，很多国家都建立起了自己的绿色标志认证体系。表 5.1 列出了一些现在施行的有代表性的绿色标志认证体系。

表 5.1 代表性绿色标志认证体系

国家/地区	体系名称	开始使用年份
德国	the Blue Angel Eco-Label	1978
瑞典	Good Environmental Choice	1988
日本	Eco Mark Program	1989
美国	USDA Organic	1990
新西兰	Environmental Choice New Zealand	1990
中国	绿色食品（Green Food）	1990
韩国	Korea Ecolabel Program	1991
印度	GreenPro	1991
法国	NF-Environment	1992
美国	Green Seal	1992
欧盟	EU Ecolabel	1992
中国	中国环境标志（China Environmental Labelling）	1993
新加坡	Singapore Green Label Scheme	1997
瑞典	TCO Certified	1999
澳大利亚	Good Environmental Choice Australia	2001
巴西	ABNT-Environmental Quality	2009

我国的绿色标志计划诞生于 1993 年，经过近 30 年的努力，基本建立了与国际接轨的绿色标志认证体系。贾秀芹和常虹从管理机制、认证标准、后续管理等方面对比了中国和日本绿色标志认证体系的异同，认为我国应该严格控制环境标志产品的环境性能，增加环境标志认证产品类别，加强环境标志商标保护，开展环境标志打假行动，维护环境标志的权威性与严肃性[177]。陈逸群和刘晓飞总结了我国环境标志发展的现状，指出环境标志是我国推动生产转型、建设环境友好型社会的重要手段[178]。

从绿色认证体系运行的情况来看，绿色认证体系的建立旨在促进绿色消费，引导企业转变生产方式，但是由于绿色认证管理体系不完善，缺乏相应的监督机制，一些企业误导消费者，将一些不符合绿色标准的产品虚假宣传为绿色产品。这种"漂绿"行为严重干扰了市场秩序，降低了消费者对绿色产品的信任度，阻碍了绿色市场的进一步发展[39,118]。

有学者认为环境标志监管机构设置不合理与公众参与机制缺乏也是影响绿色

标志发挥作用的重要因素[179]。因此，有学者建议，为了能更好地推广绿色标志，应该调整机构设置，明确认证机构与监督机构的职能。认证机构应该脱离政府背景，以第三方股份制公司的形式存在。此外，还应在绿色标志制度中设立公众参与机制，以制度化的形式使环境标志的宣传教育活动得以普及，并采用问卷调查等形式及时了解公众对环境标志的认知情况和改进意见，反馈和弥补环境标志使用管理中的问题和不足[101,180,181]。

有研究者指出，当前我国绿色标志认证体系不统一、口径不一致、种类繁多，社会认知及采信程度偏低，居民绿色消费需求难以得到满足，绿色产品有效供给与需求严重失衡。我国应参考和借鉴发达国家的经验，各部门形成合力，将目前分头设立的环保、节能、循环、低碳、再生、有机等产品整合为绿色产品，加快实现一类产品、一个标准、一个清单、一次认证、一个标识的体系整合目标，建立权威、统一的绿色产品标准体系[98]。

随着消费水平的提高及消费者环保意识的提升，广大消费者对于绿色产品的需求也与日俱增。但是由于消费者和生产商之间存在严重的信息不对称，消费者并不能很好地识别绿色产品。国内外学者普遍认为绿色标志和绿色认证体系可以帮助消费者辨别绿色产品，消除企业和消费者之间的信息不对称，提升消费者的购买意愿，促进绿色消费[182,183]。我国绿色标志认证体系的发展时间还比较短，对环境保护和绿色消费的促进作用还不明显。为了更好地发挥绿色标志的引导作用，政府部门和相关机构有必要调整机构职能，统一认证标准，加强环境标志宣传力度，提高环境标志的公众认知度。

综上所述，企业"漂绿"行为和消费者对于绿色标志产品认可度低被认为是阻碍绿色标志认证发展的重要原因。为促进绿色认证体系的发展，各国政府、相关组织和机构付出了大量的努力，但截至目前，市场上绿色标志产品消费情况并没有达到预期的效果。实证研究发现，无论是在发达国家还是在发展中国家，消费者都表现出了对于绿色标志的一定程度的不信任。有研究证实，对于绿色标志的信任度是消费者购买绿色标志产品态度和意向行为之间重要的调节变量。消费者对于绿色标志的低信任度降低了其对于绿色标志产品的价值感知和溢价支付意愿。虽然很多研究者认为加强对绿色标志使用主体的监管是畅通生产者和消费者之间信息传递渠道的关键，然而市场上绿色标志使用主体数量巨大，各个企业生产类型和工艺流程等不同，对目前现行的监管体系提出了挑战。针对这一问题，有学者认为应结合新兴信息技术对传统的监管模式进行改进，从而在降低监管成本的同时提升监管效率。

5.3 促进绿色标志认证发展的思路

针对绿色标志认证发展中存在的问题，本书提出以下研究思路：①探索针对绿色认证企业的智慧监管模式及其运行机制；②研究消费者对于绿色标志产品消费定量化激励方式的选择偏好及各种激励方式的适用情境；③探索促进绿色标志认证发展的智慧监管模式和定量化激励方式的协同应用机制（图 5.2）。

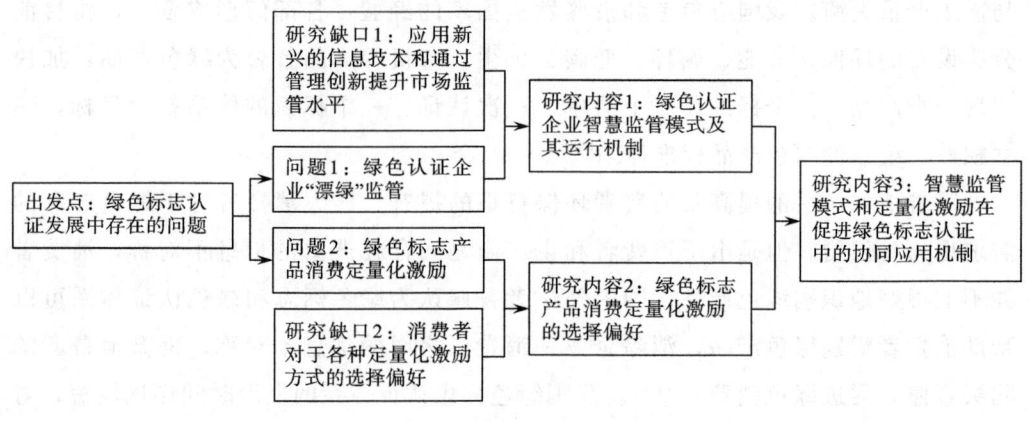

图 5.2 研究思路框架

研究的价值主要体现在如下两个方面。

（1）理论价值

1）结合中国政府在市场监管领域大力推行的"双随机、一公开"制度，构建针对绿色认证企业的智慧监管模式，丰富智慧监管理论的内容和情境。

2）通过研究数字化环境下消费者在绿色标志产品消费决策过程中对定量化激励方式的选择偏好，促进电子商务和绿色消费理论的融合与拓展。

3）从绿色标志使用监管和绿色消费行为激励两个方面探讨如何促进绿色标志产品消费，为促进绿色发展提供新的研究视角。

（2）应用价值

1）针对绿色认证企业"漂绿"问题，探索智慧监管模式的设计及运行机制，为"双随机、一公开"制度在绿色监管领域的推行提供支持。

2）考虑消费者的行为特征和市场结构差异，研究绿色标志产品消费定量化激励方式的适用情境，为政府部门针对不同类型的消费者制订精细化的激励方案提供建议。

3）探索智慧监管模式和定量化激励方式的协同路径，为政府部门在绿色标志认证方面的政策制定提供参考。

第 6 章　绿色标志认证企业监管机制

> 监督是管理过程持续最长的一种功能，因为它是在执行决策的全部过程中实现的。
>
> ——（苏联）阿法纳西耶夫

6.1　问题背景

绿色标志的滥用问题长久以来受到了学术界持续的关注，但以往的研究关注点大多集中在虚假宣传[184,185]、多种绿色标志认证体系和多重标准的影响等方面[186-188]，少有学者考虑如何对绿色认证企业进行监管。通常情况下，绿色认证体系是由政府部门或相关机构发起设立的，政府部门负责相关标准的制定和后续的监管。因此，有必要从政府部门的角度出发，考虑如何改进和完善绿色认证体系的监管机制，从而更好地引导认证企业执行相关标准。

从政府的角度来说，希望绿色认证企业可以自发地执行相关标准。由于企业生产过程的动态性和复杂性，很难对其进行持续和有效的监管。对于绿色认证企业来说，执行相关标准需要付出额外的成本，所以难有动力主动执行。为了消除政府和绿色认证企业之间的双重边际效应，更好地协调二者的相互作用，本章通过构建博弈模型的方法对政府部门和绿色认证企业之间的关系进行分析。

结合现实情况可以发现，在政府部门和绿色认证企业的博弈中，双方并不是完全理性的，每一个群体的个体都在观察并模仿其他个体的行为，根据其他个体的收益动态调整自己的策略。因此，本章用演化博弈模型刻画政府和绿色认证企业之间的相互作用。仍选取中国环境标志认证体系作为研究背景。如图 3.2 所示，可以发现中国环境标志的认证和管理都非常严格，但是考虑到中环联合需要对数千家企业进行监管，这些企业生产的产品、生产流程等又不尽相同，所以很难对所有的企业进行有效的监管。由此，有必要对企业的行为及其动机进行分析，讨论如何协调监管部门和企业的相互作用，为政策制定提供建议和参考。

6.2 定义假设和参数

基于6.1节中的论述，本章模型构建的情境为：在接受认证以后，绿色认证企业被授权使用环境标志。政府部门对绿色认证企业的执行情况进行监督。结合现实情况可以发现，虽然政府部门和认证企业都在尽可能合理地进行决策，但是由于各个参与者的禀赋存在差别，经济环境和博弈问题本身的动态性和复杂性及由此导致的信息不完全都有可能造成参与者决策的不完全理性，即无论是政府部门还是绿色认证企业，其策略选择行为都是有限理性的。与自然界适者生存的法则类似，在各个主体动态交互的过程中，收益越高的策略适应度也越高。参与者会对其他个体的行为进行观察和模仿，并根据其他个体的收益动态调整自己的策略选择。

根据演化博弈理论，政府部门和认证企业分别被视作一个种群，两个种群之间的关系被视作不对称的连续博弈[189,190]。

政府部门的策略集包含两个纯策略，即监督（A_1）和不监督（A_2）。设政府机构采取策略A_1的概率为x（$0 \leqslant x \leqslant 1$），采取策略$A_2$的概率为$1-x$。企业的策略集包含执行（$B_1$）和不执行（$B_2$）两个纯策略。设企业采取策略$B_1$的概率为$y$（$0 \leqslant y \leqslant 1$），采取策略$B_2$的概率为$1-y$。

根据模型设定，政府部门负责制定标准并对企业的执行情况进行监督，设政府部门执行监管的成本为c_3。假如企业完全按照政府部门制定的标准进行生产，政府可以获得的环境效益为w。通常情况下，政府部门对认证企业的监管越严格，公众对于绿色认证体系的信任度越高，该绿色认证体系对于其他企业的吸引力也越大。用l表示政府部门选择A_1时从公众方面获得的收益。

出于对环境和自身健康的关注，消费者愿意为绿色产品付出更高的价格[30,91]，这将为绿色认证企业带来额外收益（g）。绿色认证企业从政府方面获得的补贴为p_2，包括税收减免及政府采购中的优先权等。对于认证企业，严格执行政府制定的相关标准需要付出的额外成本为c_4。如果认证企业不执行相关标准，其行为被政府部门发现的概率是$q(c_3)$，q随c_3单调递增。政府部门对认证企业不执行行为的罚款为f_1。为了便于后续分析，基于一些常识，提出如下假设。

假设 1：$q(c_3)$ 是一个连续函数，且 $q(c_3=0)=0$。假设 $\frac{\partial q(c_3)}{\partial c_3} > 0$ 且 $\frac{\partial^2 q(c_3)}{\partial c_3^2} < 0$，即政府部门增加监管投入有助于发现认证企业的不执行行为，但随着监管投入的增加，对发现概率的提高作用逐渐减小。

$q(c_3)$ 的示意图如图 6.1 所示。为了便于分析，假设 $q(c_3)=1-\mathrm{e}^{-c_3/R}$，其中 R 是一个常数，反映政府部门监管的效率。

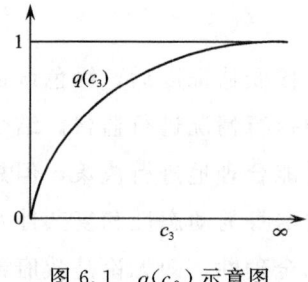

图 6.1　$q(c_3)$ 示意图

综上所述，本章建模所使用的变量及其含义见表 6.1。

表 6.1　模型变量及其含义

参数方描述	模型变量	含义
政府部门	x	决策变量，选择策略 A_1 的概率，即监管概率
	w	环境效益
	l	公众收益
	f_1	对企业的罚款
	c_3	执行监管的成本
认证企业	y	决策变量，选择策略 B_1 的概率，即执行概率
	g	从消费者方面获得的收益
	s	企业从政府方面获得的补贴
	c_4	企业执行相关标准的额外成本（执行成本）
	q	不执行行为被政府部门发现的概率
其他	R	常数，反映政府部门监管的效率

6.3　监管模型构建

政府部门和认证企业之间的博弈矩阵见表 6.2。

表 6.2　政府部门和企业收益矩阵

政府部门	认证企业	
	B_1	B_2
A_1	$(-c_3+l+w,\ -c_4+g+s)$	$(-c_3+q(f_1+w)+l,\ -qf_1+(1-q)(g+s))$
A_2	$(w,\ -c_4+g+s)$	$(0,\ g+s)$

在 (A_1, B_2) 的情境下,政府部门选择进行监管,认证企业选择执行标准。对于政府部门来说,其监管成本是 $-c_3$,从公众方面的获益是 l。认证企业不执行行为被政府部门发现的概率是 q,如果认证企业没有执行相关标准,但政府部门没有发现企业的不执行行为,政府部门就不能获得环境效益 w;如果认证企业的不执行行为被政府部门发现,政府部门对企业的罚款为 f_1。在此情境下,政府部门选择进行监管的期望收益是 $-c_3+q(f_1+w)+l$。

对认证企业来说,只要其不执行行为不被政府部门发现,其可以一直获得来自政府和消费者方面的收益。如果认证企业的不执行行为被政府部门发现,企业将面临来自政府部门的罚款 f_1。在此情境下,认证企业选择不执行的期望收益是 $-qf_1+(1-q)(g+s)$。表 6.2 中其他情境下两者期望收益的计算与此类似,在此不一一赘述。

政府部门选择监管的适应度为

$$U_{A_1}=y(-c_3+l+w)+(1-y)[-c_3+q(f_1+w)+l] \quad (6.1)$$

政府部门选择不监管的适应度为

$$U_{A_2}=yw \quad (6.2)$$

政府部门的平均适应度为

$$U_A=xU_{A_1}+(1-x)U_{A_2} \quad (6.3)$$

同样,认证企业选择 B_1 和 B_2 的适应度分别为

$$U_{B_1}=x(-c_4+g+s)+(1-x)(-c_4+g+s) \quad (6.4)$$

$$U_{B_2}=x[-qf_1+(1-q)(g+s)]+(1-x)(g+s) \quad (6.5)$$

认证企业的平均适应度为

$$U_B=yU_{B_1}+(1-y)U_{B_2} \quad (6.6)$$

在演化博弈中,参与者倾向于模仿和学习具有更高回报的策略行为。对于政府部门来说,在一定长度的连续时间段内,监管变化率与选择监管的适应度 (U_{A_1}) 和平均适应度 (U_A) 的差距有关。由此可得政府部门监管变化率为

$$f_A=\frac{\mathrm{d}x}{\mathrm{d}t}=x(U_{A_1}-U_A)=x(1-x)(U_{A_1}-U_{A_2}) \quad (6.7)$$

将式(6.1)和式(6.2)代入式(6.7),得

$$f_A=x(1-x)[-c_3+l+q(1-y)(f_1+w)] \quad (6.8)$$

类似地,可以得到认证企业执行变化率为

$$f_B=y(1-y)[qx(f_1+g+s)+c_4] \quad (6.9)$$

综上所述，式（6.8）和式（6.9）组成了该演化博弈的连续频率动态系统。当 f_A 和 f_B 均等于 0 时，意味着博弈双方的策略调整为 0，系统达到相对稳定的均衡状态。因此，该演化博弈的复制动态方程组为

$$\begin{cases} \dfrac{\mathrm{d}x}{\mathrm{d}t}=x(1-x)[-c_3+l+q(1-y)(f_1+w)]=0 \\ \dfrac{\mathrm{d}y}{\mathrm{d}t}=y(1-y)[qx(f_1+g+s)+c_4]=0 \end{cases} \quad (6.10)$$

上述复制动态方程组反映了政府部门和绿色认证企业策略调整的速度和方向。通过求解式（6.10），可以得到该演化博弈的五个局部均衡解为 $A(0,0)$、$B(0,1)$、$C(1,0)$、$D(1,1)$、$E(x^*,y^*)$。

$$\begin{cases} x^*=\dfrac{c_4}{q(f_1+g+s)} \\ y^*=\dfrac{q(f_1+w+l)-c_3+l}{q(f_1+w)} \end{cases} \quad (6.11)$$

该博弈的雅可比矩阵为

$$\boldsymbol{J}=\begin{bmatrix} \dfrac{\partial f_A}{\partial x} & \dfrac{\partial f_A}{\partial y} \\ \dfrac{\partial f_B}{\partial x} & \dfrac{\partial f_B}{\partial y} \end{bmatrix} \quad (6.12)$$

其中

$$\dfrac{\partial f_A}{\partial x}=(1-2x)[-c_3+l_1+q(1-y)(f_1+w)]$$

$$\dfrac{\partial f_A}{\partial y}=-qx(1-x)(f_1+w)$$

$$\dfrac{\partial f_B}{\partial x}=yq(1-y)(f_1+g+s)$$

$$\dfrac{\partial f_B}{\partial y}=(1-2y)[xq(f_1+g+s)-c_4]$$

在五个局部均衡解中，A、B、C、D 为纯策略均衡点，E 为混合策略均衡点。这些点的稳定性可以通过分析雅可比矩阵的秩（$\det \boldsymbol{J}$）和迹（$\operatorname{tr}\boldsymbol{J}$）来判定。对于任意一个点来说，$\det \boldsymbol{J}=\dfrac{\partial f_A}{\partial x}\cdot\dfrac{\partial f_B}{\partial y}-\dfrac{\partial f_A}{\partial y}\cdot\dfrac{\partial f_B}{\partial x}$，$\operatorname{tr}\boldsymbol{J}=\dfrac{\partial f_A}{\partial x}+\dfrac{\partial f_B}{\partial y}$。结合式（6.12），五个局部均衡点的秩和迹见表 6.3。

第 6 章 绿色标志认证企业监管机制

表 6.3 局部均衡点的秩和迹

局部均衡点	det$J$ 和 tr$J$
$A(0,0)$	det$J = [-c_3+l+q(f_1+w)](-c_4)$
	tr$J = -c_3+l+q(f_1+w)-c_4$
$B(0,1)$	det$J = c_4(-c_3+l)$
	tr$J = -c_3+l+c_4$
$C(1,0)$	det$J = -[-c_3+l+q(f_1+w)][q(f_1+g+s)-c_4]$
	tr$J = c_3-l-q(f_1+w)+q(f_1+g+s)-c_4$
$D(1,1)$	det$J = (-c_3+l)[q(f_1+g+s)-c_4]$
	tr$J = c_3+c_4-q(f_1+g+s)-l$
$E(x^*, y^*)$	det$J = y^*q(1-y^*)(f_1+g+s)+x^*q(1-x^*)(f_1+w)$
	tr$J = 0$

根据弗里德曼（Friedman）的观点，对于任意一点，如果该点 det$J > 0$ 且 tr$J < 0$，则该点满足演化均衡状态（evolutionary stable state，简称 ESS），这个点具有一致动态性，其对应的策略集是稳定的策略均衡解；如果 det$J \geqslant 0$ 且 tr$J > 0$，则该点是不稳定点；如果 det$J > 0$ 且 tr$J = 0$，则该点为中性点；如果 det$J < 0$，则该点是鞍点[189]。结合表 6.3 可得到如下结论。

命题 1：策略集 (A_2, B_1) 不是一个稳定的策略均衡解。

证明：对于 $B(0,1)$，det$J = c_4(-c_3+l)$，tr$J = -c_3+l+c_4$。如果 $c_3 > l$，将会导致 $-c_3+l < 0 \Rightarrow$ det$J = c_4(-c_3+l) < 0$，在这种情况下 B 为鞍点。如果 $c_3 < l$，将会导致 det$J = c_4(-c_3+l) > 0$ 和 tr$J = -c_3+l+c_4 > 0$，在这种情况下 B 是不稳定点。如果 $c_3 = l$，则 det$J = c_4(-c_3+l) = 0$ 且 tr$J = c_4 > 0$，在这种情况下 B 也是不稳定点。综上所述，在任何情况下，点 B 都不是一个稳定点，对应的策略集 (A_2, B_1) 不是一个稳定的策略均衡解。

通过对命题 1 的证明可以发现，没有政府部门的监管，企业不会主动执行相关标准。政府部门的监管是绿色认证体系健康发展不可或缺的部分。

本节以适应度函数刻画了政府部门和认证企业之间的相互作用。一个点是稳定点、中性点还是鞍点，由参数间的大小关系决定。

6.4 演化均衡状态分析

结合表6.3，根据参数间的大小关系可知，在政府部门和绿色认证企业的演化博弈中共有六种可能的情境，下面逐一分析。

1. 情境 I

当 $l>c_3$ 且 $q(f_1+g+s)>c_4$ 时，上述五个局部均衡点的状态见表6.4。

表6.4 情境 I 局部均衡点状态分析

局部均衡点	det$J$	tr$J$	状态
$A(0,0)$	−	不确定	鞍点
$B(0,1)$	+	+	不稳定点
$C(1,0)$	−	不确定	鞍点
$D(1,1)$	+	−	演化均衡点
$E(x^*,y^*)$	+	0	中性点

注："+"表示结果为正，"−"表示结果为负，"不确定"表示结果正负不定。下同。

对 $A(0,0)$，det$J=[-c_3+l+q(f_1+w)](-c_4)$，tr$J=-c_3+l+q(f_1+w)-c_4$。当 $l>c_3$ 且 $q(f_1+g+s)>c_4$ 时，$-c_3+l+q(f_1+w)>0 \Rightarrow \det J<0$，在这种情况下 $A(0,0)$ 为鞍点。表6.4中其他点的计算与此类似，在此不再赘述。

命题2： 当 $l>c_3$ 且 $q(f_1+g+s)>c_4$ 时，$D(1,1)$ 是演化均衡点。

在情境 I 中，政府部门选择进行监管，认证企业选择执行标准，此时无论是政府部门还是认证企业都有动力履行责任。根据表6.4中对于各个点均衡状态的分析，点 $A\sim E$ 的演化路径（相位图）如图6.2（a）所示。在相位图 I 中可以看到中性点 $E(x^*,y^*)$ 位于中间，点 $B(0,1)$ 为起始点，点 $D(1,1)$ 为终止点，$A(0,0)$ 和 $C(1,0)$ 是两个鞍点，在单方向上具有稳定性。

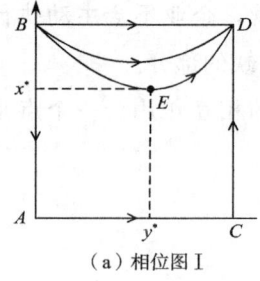
（a）相位图 I

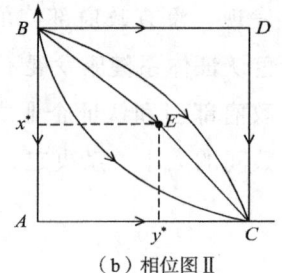
（b）相位图 II

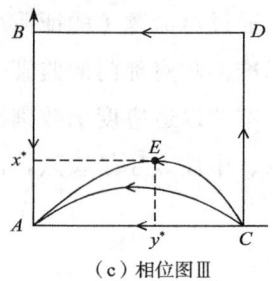
（c）相位图 III

图6.2 系统演化相位图 I～VI

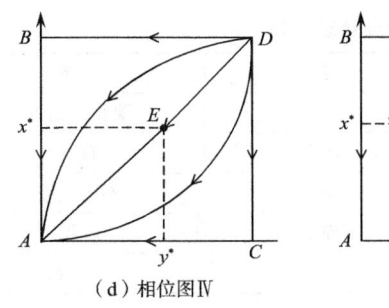
（d）相位图Ⅳ

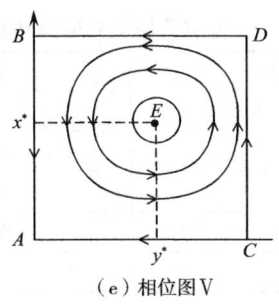
（e）相位图Ⅴ

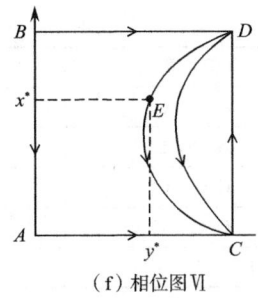
（f）相位图Ⅵ

图 6.2　系统演化相位图Ⅰ～Ⅵ（续）

2. 情境Ⅱ

当 $l>c_3$ 且 $q(f_1+g+s)<c_4$，上述五个局部均衡点的状态见表 6.5。

表 6.5　情境Ⅱ局部均衡点状态分析

局部均衡点	det$J$	tr$J$	状态
$A(0,0)$	−	不确定	鞍点
$B(0,1)$	+	+	不稳定点
$C(1,0)$	+	−	演化均衡点
$D(1,1)$	−	不确定	鞍点
$E(x^*,y^*)$	+	0	中性点

命题 3：当 $l>c_3$ 且 $q(f_1+g+s)<c_4$，$C(1,0)$ 是演化均衡点。

在这种情境下，认证企业没有动机执行政府部门制定的相关标准，政府部门的监管对于认证企业没有效果。在政府部门选择进行监管的情况下，认证企业仍选择不执行标准。这种情况是政府部门不希望看到的。根据表 6.5 中对于各个点均衡状态的分析，点 $A\sim E$ 的演化路径如图 6.2（b）所示。其中，中性点 $E(x^*,y^*)$ 位于中间，点 $B(0,1)$ 为起始点，点 $C(1,0)$ 为终止点。$A(0,0)$ 和 $D(1,1)$ 是两个鞍点，在单方向上具有稳定性。

3. 情境Ⅲ

当 $0<l<c_3-q(f_1+w)$ 且 $q(f_1+g+s)>c_4$ 时，上述五个局部均衡点的状态见表 6.6。

命题 4：当 $0<l<c_3-q(f_1+w)$ 且 $q(f_1+g+s)>c_4$ 时，$A(0,0)$ 是演化均衡点。

表6.6 情境Ⅲ局部均衡点状态分析

局部均衡点	det$J$	tr$J$	状态
$A(0,0)$	+	−	演化均衡点
$B(0,1)$	−	不确定	鞍点
$C(1,0)$	+	+	不稳定点
$D(1,1)$	−	不确定	鞍点
$E(x^*,y^*)$	+	0	中性点

在这种情境下,由于执行成本高昂,政府部门倾向于选择不监管。由于缺少来自政府部门的监管,认证企业也不会选择执行标准。根据表6.6中对于各个点均衡状态的分析,点 $A\sim E$ 的演化路径如图6.2(c)所示。其中,中性点 $E(x^*,y^*)$ 位于中间,点 $C(1,0)$ 为起始点,点 $A(0,0)$ 为终止点。$B(0,1)$ 和 $D(1,1)$ 是两个鞍点,在单方向上具有稳定性。

4. 情境Ⅳ

当 $0<l<c_3-q(f_1+w)$ 且 $q(f_1+g+s)<c_4$,上述五个局部均衡点的状态见表6.7。

表6.7 情境Ⅳ局部均衡点状态分析

局部均衡点	det$J$	tr$J$	状态
$A(0,0)$	+	−	演化均衡点
$B(0,1)$	−	不确定	鞍点
$C(1,0)$	−	不确定	鞍点
$D(1,1)$	+	+	不稳定点
$E(x^*,y^*)$	+	0	中性点

命题5:当 $0<l<c_3-q(f_1+w)$ 且 $q(f_1+g+s)<c_4$,$A(0,0)$ 是演化均衡点。

在这种情境下,政府部门和认证企业都没有动力履行其责任,绿色认证体系失去了对于其参与者的约束。根据表6.7中对于各个点均衡状态的分析,点 $A\sim E$ 的演化路径如图6.2(d)所示。其中,中性点 $E(x^*,y^*)$ 位于中间,点 $D(1,1)$ 为起始点,点 $A(0,0)$ 为终止点。$B(0,1)$ 和 $C(1,0)$ 是两个鞍点,在单方向上具有稳定性。

5. 情境Ⅴ

当 $c_3-q(f_1+w)<l<c_3$ 且 $q(f_1+g+s)>c_4$,上述五个局部均衡点的状

态见表 6.8。

表 6.8　情境 V 局部均衡点状态分析

局部均衡点	det$J$	tr$J$	状态
$A(0,0)$	$-$	不确定	鞍点
$B(0,1)$	$-$	不确定	鞍点
$C(1,0)$	$-$	不确定	鞍点
$D(1,1)$	$-$	不确定	鞍点
$E(x^*,y^*)$	$+$	0	中性点

命题 6：当 $c_3-q(f_1+w)<l<c_3$ 且 $q(f_1+g+s)>c_4$ 时，在政府部门和认证企业的博弈中，不存在演化均衡点。

如图 6.2(e) 所示，中性点 $E(x^*,y^*)$ 位于图的中间，其他四个点位于图的四周，演化路径沿逆时针方向循环，在此情境下，该博弈不存在演化均衡点。

6. 情境 Ⅳ

当 $c_3-q(f_1+w)<l<c_3$ 且 $q(f_1+g+s)<c_4$ 时，五个局部均衡点 $A\sim E$ 的状态见表 6.9。

表 6.9　情境 Ⅳ 局部均衡点状态分析

局部均衡点	det$J$	tr$J$	状态
$A(0,0)$	$-$	不确定	鞍点
$B(0,1)$	$-$	不确定	鞍点
$C(1,0)$	$+$	$-$	演化均衡点
$D(1,1)$	$+$	$+$	不稳定点
$E(x^*,y^*)$	$+$	0	中性点

命题 7：当 $c_3-q(f_1+w)<l<c_3$ 且 $q(f_1+g+s)<c_4$ 时，$C(1,0)$ 是演化均衡点。

与情境 Ⅱ 类似，在此情境下，认证企业将不会选择执行政府部门制定的相关标准，政府部门的监管对于认证企业的行为没有影响。如图 6.2(f) 所示，中性点 $E(x^*,y^*)$ 位于图的中间，演化路径为从点 $D(1,1)$ 出发到点 $C(1,0)$ 终止。$A(0,0)$ 和 $B(0,1)$ 是两个鞍点，具有单方向上的稳定性。

当 $l=c_3$ 或 $l=c_3-q(f_1+w)$ 或 $q(f_1+g+s)=c_4$ 时，五个局部均衡点 $A\sim E$ 的状态参见附录 B，此时命题 2~7 的结论不变，在此不再对这些情形逐一分析。

本节分析了参数间的大小关系变化导致的各种情境,研究了各种情境下政府部门和认证企业的演化均衡状态。下一节将通过数值分析的方法研究当参数的值发生变化时对于均衡状态的影响,并对本节的理论分析结果进行验证。

6.5 数值分析

应用经典的龙格-库塔(Runge-Kutta)方法对复制动态系统的微分方程进行求解[191]。数值实验通过平台Matlab R2016a完成。其中,Matlab内置函数ode45用来获取数值结果。设置初始时间为0,终止时间为10。初始点为(X_0, Y_0),其中$X_0 \geqslant 0$,$Y_0 \leqslant 1$。基于6.2节的内容,作出如下假设:$g=10$,$s=10$,$l=15$,$f_1=5$,$w=10$,$R=15$。

6.5.1 系统均衡状态分析验证

在其他参数保持不变的情况下,设定$c_3=12$和$c_4=8$,在这种情形下$l>c_3$且$q(f_1+g+s)>c_4$。随机地选取50个点作为初始点,演化的结果如图6.3(a)所示,演化趋势与图6.2(a)一致。

在其他参数保持不变的情况下,设定$c_3=12$和$c_4=20$,在这种情形下$l>c_3$且$q(f_1+g+s)<c_4$。随机地选取50个点作为初始点,演化的结果如图6.3(b)所示,演化趋势与图6.2(b)一致。

在其他参数保持不变的情况下,设定$c_3=35$和$c_4=8$,在这种情形下$0<l<c_3-q(f_1+w)$且$q(f_1+g+s)>c_4$。随机地选取50个点作为初始点,演化的结果如图6.3(c)所示,演化趋势与图6.2(c)一致。

在其他参数保持不变的情况下,设定$c_3=35$和$c_4=20$,在这种情形下$0<l<c_3-q(f_1+w)$且$q(f_1+g+s)<c_4$。随机地选取50个点作为初始点,演化的结果如图6.3(d)所示,演化趋势与图6.2(d)一致。

在其他参数保持不变的情况下,设定$c_3=20$和$c_4=8$,在这种情形下$c_3-q(f_1+w)<l<c_3$且$q(f_1+g+s)>c_4$。随机地选取50个点作为初始点,演化的结果如图6.3(e)所示,演化趋势与图6.2(e)一致。

在其他参数保持不变的情况下,设定$c_3=20$和$c_4=20$,在这种情形下$c_3-q(f_1+w)<l<c_3$且$q(f_1+g+s)<c_4$。随机地选取50个点作为初始点,演化

的结果如图 6.3（f）所示，演化趋势与图 6.2（f）一致。图 6.3 中，x 为监管概率，y 为执行概率。

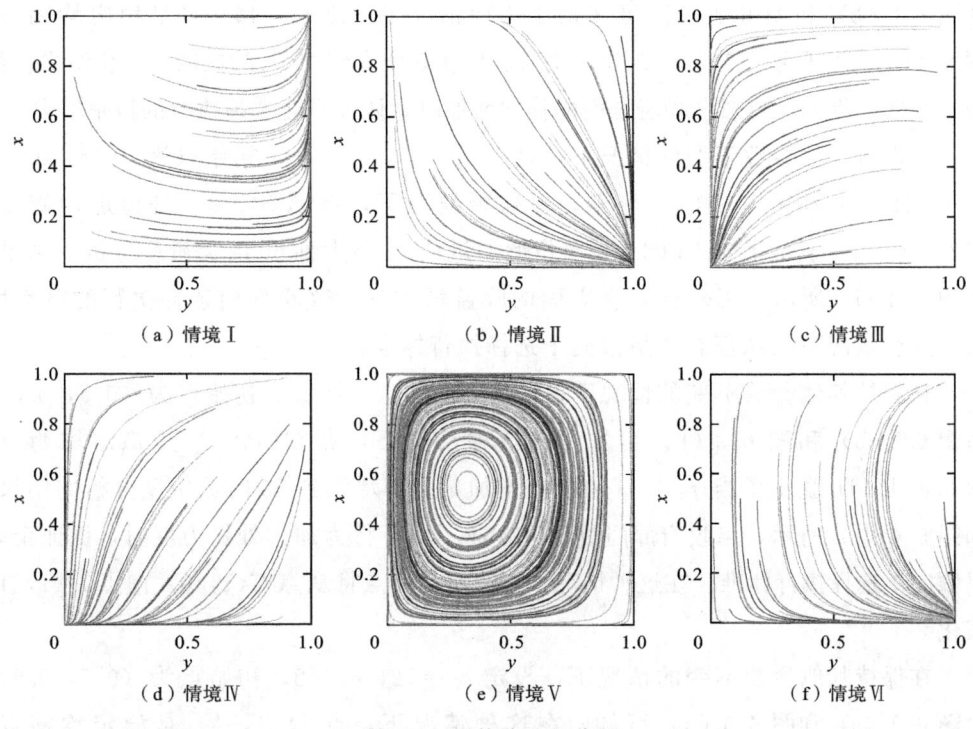

图 6.3　系统演化相位图

6.5.2　灵敏度分析

在保持其他参数不变的情况下，设定 $c_4=8$，起始点为（0.5，0.5）。图 6.4（a，b）显示了当 c_3 以 10 为单位增加量从 10 增大到 50 时的结果。从图 6.4（a）中可以发现，当 c_3 增大时，政府部门的策略将从监管转变为不监管。降低政府部门的监管成本有助于增加政府部门执行行为。由图 6.4（b）可知，当 c_3 增大时，认证企业执行率下降。在缺乏政府部门监管的情况下，认证企业选择不执行的概率增大。

在保持其他参数不变的情况下，设定 $c_3=12$，起始点为（0.5，0.5）。图 6.4（c，d）显示了当 c_4 以 5 为单位增加量从 5 增大到 25 时的结果。如图 6.4（d）所示，当 c_4 增大时，认证企业执行的概率减小。

在保持其他参数不变的情况下，设定 $c_3=12$，$c_4=20$，初始点为（0.5，0.5）。灵敏度分析的结果如图 6.4（e，f）所示。当从消费者方面获得的收益 g 增加时，认证企业选择执行的概率增大。

在保持其他参数不变的情况下,设定 $c_3=12$,$c_4=20$,初始点为(0.5,0.5)。由图 6.2(b)和图 6.3(b)可知,在这种情况下,点 $C(1,0)$ 是稳定均衡点。图 6.4(g,h)显示了当 s 以 5 为单位增加量从 5 增大到 25 时的灵敏度分析结果。如图 6.4(h)所示,当来自政府方面的补贴增加时,认证企业选择执行的概率增大。

在保持其他参数不变的情况下,设定 $c_3=35$,$c_4=20$,初始点为(0.5,0.5)。由图 6.2(d)和图 6.3(d)可知,在这种情况下,点 $A(0,0)$ 是稳定均衡点。图 6.4(i,j)显示了当 l 以 10 为单位增加量从 10 增大到 50 时灵敏度分析的结果。如图 6.4(i)所示,当来自公众方面的收益增加时,政府部门选择执行的概率增大。这种情况下,认证企业更倾向于选择执行标准。

在保持其他参数不变的情况下,设定 $c_3=12$,$c_4=20$,初始点为(0.5,0.5)。由图 6.2(b)和图 6.3(b)可知,在这种情况下,点 $C(1,0)$ 是稳定均衡点。图 6.4(k,l)显示了当 f_1 以 5 为单位增加量从 5 增大到 25 时灵敏度分析的结果。如图 6.4(l)所示,当政府部门对认证企业不执行行为加大处罚力度时,认证企业更倾向于选择执行标准。在这种情况下,稳定均衡点将从点 $C(1,0)$ 向点 $D(1,1)$ 演化。

在保持其他参数不变的情况下,设定 $c_3=12$,$c_4=8$,初始点为(0.5,0.5)。由图 6.2(a)和图 6.3(a)可知,在这种情况下,点 $D(1,1)$ 是稳定均衡点。图 6.4(m,n)显示了当 R 以 5 为单位增加量从 15 增大到 35 时灵敏度分析的结果。如图 6.4(n)所示,当政府部门监管效率下降时,认证企业选择执行的概率减小。在这种情况下,稳定均衡点将从点 $D(1,1)$ 向点 $C(1,0)$ 演化。

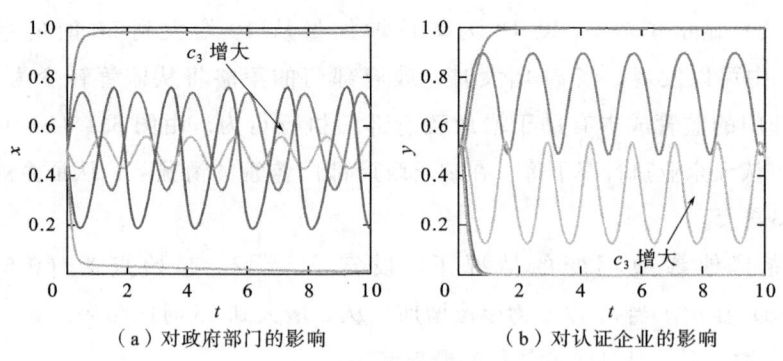

(a)对政府部门的影响　　　(b)对认证企业的影响

图 6.4　参数灵敏度分析

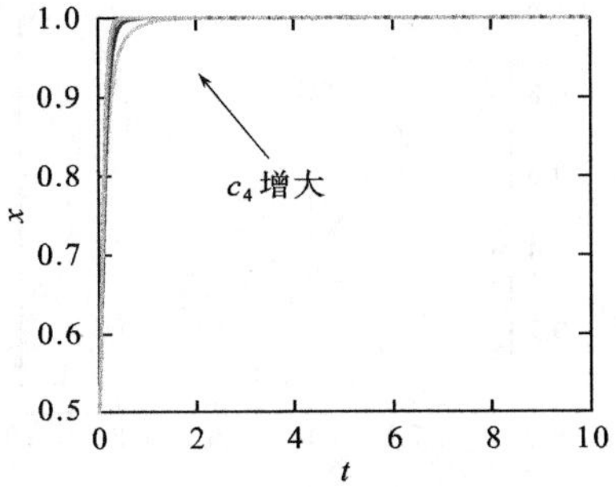

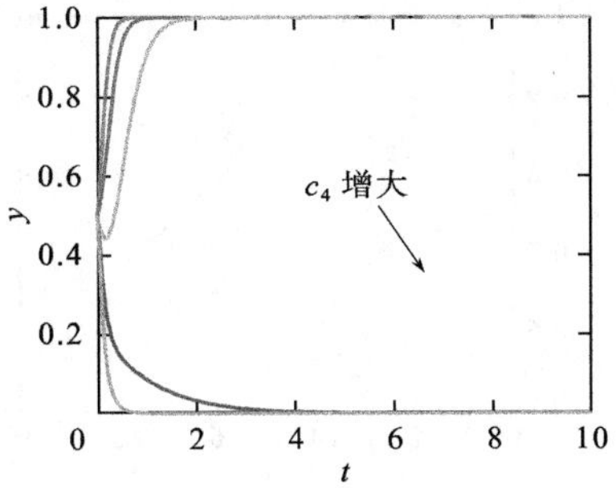

第 6 章 绿色标志认证企业监管机制

(c) 对政府部门的影响

(d) 对认证企业的影响

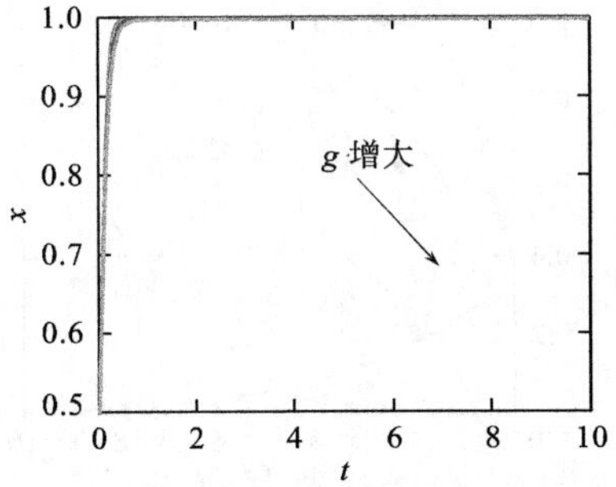

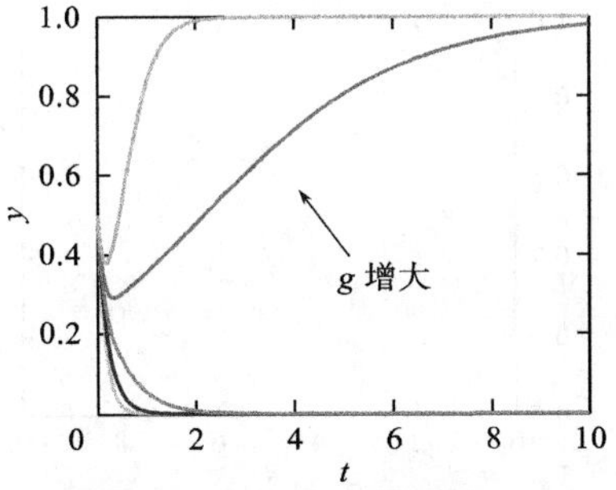

(e) 对政府部门的影响

(f) 对认证企业的影响

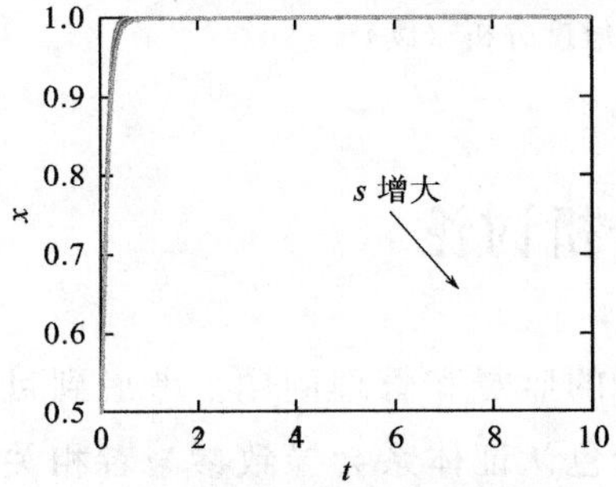

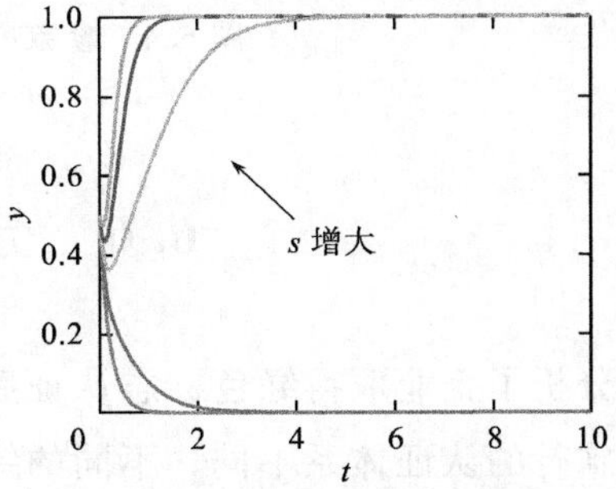

(g) 对政府部门的影响

(h) 对认证企业的影响

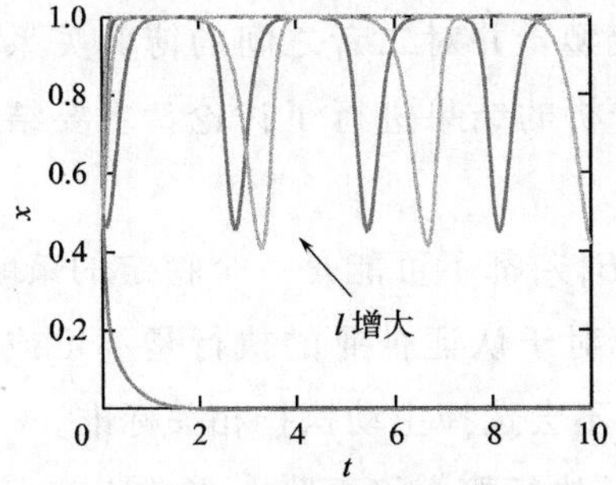

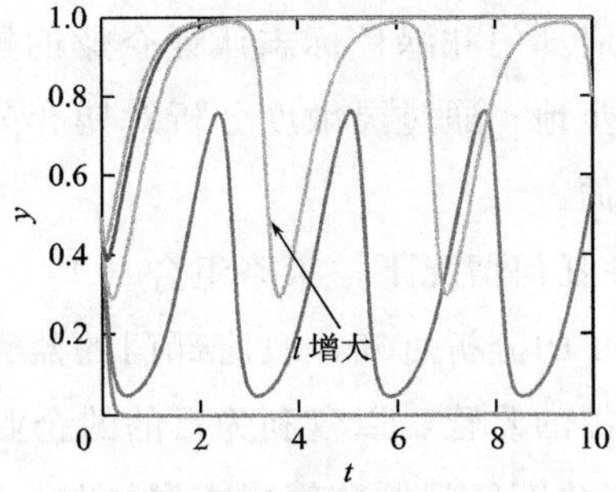

(i) 对政府部门的影响

(j) 对认证企业的影响

图 6.4 参数灵敏度分析（续）

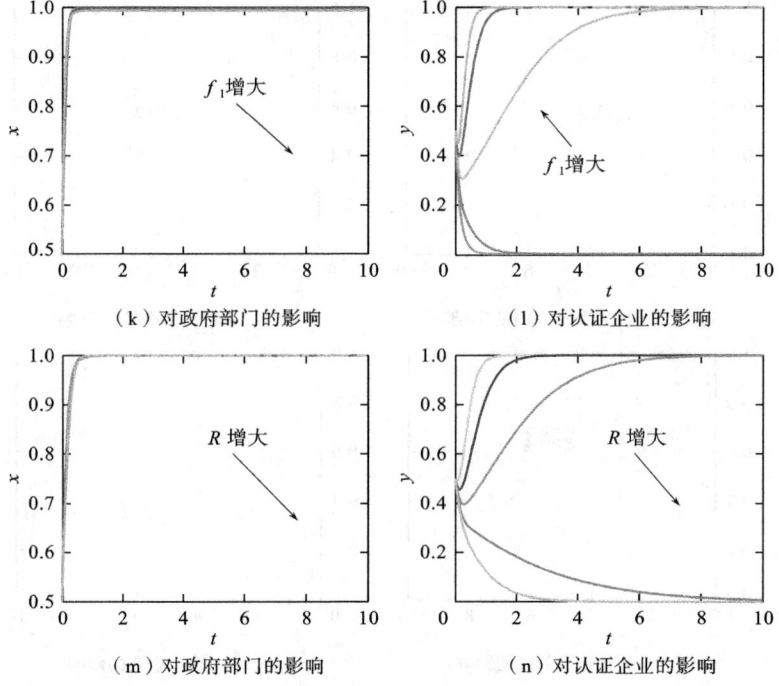

图 6.4 参数灵敏度分析（续）

6.6 分析讨论

本章分析了企业取得绿色标志认证后的监督和管理问题。考虑到目前世界上各个国家施行的认证体系不同，不同的绿色认证体系会导致参与者相关作用关系不同，因此本章基于中国环境标志（CEL）认证体系，应用演化博弈的方法建立了包含政府部门和绿色标志认证企业的模型，并对二者之间的博弈关系进行了分析。进一步地，通过灵敏度分析对博弈分析的结果进行了讨论，主要结论包括以下几个方面：

1) 在任何情况下，策略组合（A_2，B_1）都不可能是一个稳定的策略均衡解。根据命题 1 的分析可知，政府部门的监管对于认证企业的执行是不可或缺的。缺乏政府部门的监管，以营利为目的的企业不会选择主动执行相关标准。

2) 当政府部门的监管成本增加时，其执行概率将下降；当政府部门监管效率下降时，认证企业的执行概率也将下降。降低政府部门监管成本的同时提升监管效率，有助于提升认证企业的参与度。随着信息技术的进步，物联网、大数据和人工智能等被越来越多地应用到管理领域。如何通过这些先进的技术手段有效地降低政府监管的成本及提升监管的效率，将在第 7 章具体探讨。

3) 当认证企业执行成本降低时，认证企业选择执行的概率将上升。当政府部门对认证企业不执行行为的处罚力度增加时，认证企业执行的概率将上升。这意味着政府部门可以通过合理的激励机制促使认证企业执行相关标准，但是在现实中，如何结合具体的管理制度对企业制定定量的奖惩方案仍是需要研究的问题。

4) 当来自政府部门和消费者方面的影响力增加时，认证企业选择执行的概率将上升。针对这种情况，一方面，政府部门应给予遵守标准的绿色认证企业更多的奖励和优惠，包括税收减免和政府采购优先权等；另一方面，新闻媒体应该针对绿色认证标志进行更多的宣传和引导，提高消费者对于绿色标志的认可度。

第7章 数字化环境下绿色消费促进机制设计

> 使人惊讶的是，无论你做什么预测，事实总是被低估了。最极端的预测都落后于现实。预测未来的最好办法是创造未来。
>
> ——（美）尼古拉斯·尼葛洛庞帝

7.1 问题背景

第6章中笔者从政府监管的角度出发分析了如何对绿色认证企业进行管理，以减少绿色标志滥用现象的发生，提升消费者对于绿色标志的信任度，进而促进绿色认证体系的良性可持续发展。当前，随着生产力的进步和生产技术的不断提高，消费市场的主导者正逐渐由生产商向消费者转变[45]。消费者、企业和政府部门之间相互作用、相互影响，共同对消费市场进行塑造和重构[142]。基于此，本章将进一步考虑消费者的行为及其影响，构建政府、绿色认证企业和消费者的三方博弈模型，分析三者之间的相互作用，研究如何协调三者之间的关系。结合模型分析的结果和现实场景中消费者在绿色消费过程中遇到的一些问题和阻碍因素，提供相关建议，为政府的政策制定和企业的策略选择提供参考。

7.2 定义假设和参数

本章模型构建的情境为：在接受绿色认证以后，企业被授权使用绿色标志。如果企业严格执行相关标准，绿色标志认证产品的生产不但能减少排放和环境污染，而且相较于一般产品，其生产过程中执行的标准更高，使用的原材料更加环保和无害，对消费者的健康也将大有裨益。但由于采用高规格的生产标准和原材料，绿色标志认证产品的价格普遍比一般产品高。在这种情况下，消费者会权衡是否购买绿色标志产品。相关政府部门则对绿色认证企业的执行情况进行监督和管理，同时根据需要对消费者和绿色认证企业的行为进行相应的激励和处罚。

与第 5 章类似，将政府部门、绿色认证企业和消费者分别视作三个群体，群体间的关系为不对称的连续博弈。群体内的个体都是有限理性的，通过观察群体内其他个体的收益来动态调整自己的策略。因此，相较于传统的博弈理论，演化博弈理论更适合用来刻画政府部门、绿色认证企业和消费者之间的相互作用关系。在政府、绿色认证企业和消费者的模型中，政府部门的策略集包含两个纯策略，即监督（A_1）和不监督（A_2），政府机构采取策略 A_1 的概率为 x（$0 \leqslant x \leqslant 1$），采取策略 A_2 的概率为 $1-x$。绿色认证企业的策略集包含执行（B_1）和不执行（B_2）两个纯策略，绿色认证企业采取策略 B_1 的概率为 y（$0 \leqslant y \leqslant 1$），采取策略 B_2 的概率为 $1-y$。同样，消费者的策略集也包含两个纯策略，即购买（C_1）和不购买（C_2）。消费者选择策略 C_1 的概率为 z（$0 \leqslant z \leqslant 1$），选择策略 C_2 的概率为 $1-z$。

结合现实情况，设定政府部门负责制定标准并对绿色认证企业的执行情况进行监督，政府部门执行监管的成本为 c_3。如果绿色认证企业完全按照政府制定的标准进行生产，政府可以获得的环境效益为 w。如果政府发现企业没有执行标准，将对其处以 f_1 的罚款。

出于对环境和自身健康的关注，消费者愿意为绿色标志认证产品付出更高的价格，这将为绿色认证企业带来额外收益（m）。绿色认证企业从政府方面获得的补贴为 s，包括税收减免及政府采购中的优先权等。假设除非绿色认证企业不执行标准，且其行为被政府部门发现，否则该企业可以一直获得来自政府方面的补贴。对于绿色认证企业来说，如果其选择执行标准，需要额外付出的成本为 c_4。如果认证企业选择不执行标准且其行为被政府部门发现，企业面临的处罚为 f_2，f_2 包括罚款、立即整改和取消政府采购中标优先权等。

对于消费者，相比普通产品，购买绿色标志认证产品需要支付的额外成本为 c_5，获得的收益为 l_1。只有在绿色认证企业选择执行标准的情况下，消费者才能通过购买绿色标志产品获得额外收益 l_1。政府部门对消费者购买绿色标志产品的补贴为 k_1。

为了便于后续分析，基于一些常识，对各个参数之间的大小关系作出如下假设。

假设 1：如果绿色认证企业选择不执行标准且其行为被政府部门发现，政府部门将对绿色认证企业进行处罚，包括罚款、要求立即整改和取消其政府采购中标优先权等。因此，假设 $f_2 \geqslant f_1$。

假设 2：对于政府部门来说，如果选择进行监管的成本大于环境效益，政府部门将不会启动绿色认证体系，因此假设 $c_3 \leqslant w$。

假设 3：对于消费者来说，如果绿色标志认证产品溢价大于绿色标志认证产品收益和政府对消费者的补贴之和，消费者将不会考虑购买绿色标志认证产品，因此假设 $c_5 \leqslant l_1 + k_1$。

假设 4：对于绿色认证企业来说，如果选择执行标准的额外成本大于政府对企业的补贴和企业从消费者方面获得的收益之和，认证企业将不会选择加入绿色认证体系，因此假设 $c_4 \leqslant m + s$。

综上所述，本章建模所使用的变量和参数见表 7.1。

表 7.1 模型变量及其含义

参数方描述	变量	变量的含义
政府部门	x	决策变量，监管概率（以下简称监管率）
	w	环境效益
	c_3	执行监管的成本
	f_1	对绿色认证企业的罚款
绿色认证企业	y	决策变量，执行概率（以下简称执行率）
	m	消费者方面的收益
	s	政府对企业的补贴
	c_4	执行成本
	f_2	政府处罚，包括罚款、立即整改和取消政府采购中标优先权等
消费者	z	决策变量，消费者选择购买的概率，即购买概率（以下简称购买率）
	c_5	绿色标志产品溢价
	l_1	购买绿色标志产品的收益
	k_1	对消费者的补贴

7.3 政府部门-绿色认证企业-消费者博弈模型构建

政府部门、绿色认证企业和消费者三者博弈的收益矩阵如图 7.1 所示。

如图 7.1 所示，在 (A_1, B_1, C_3) 情境下，政府部门选择进行监管，绿色认证企业选择执行标准，消费者选择购买绿色标志认证产品。对于政府部门来说，

第7章 数字化环境下绿色消费促进机制设计

	监管（A_1）		不监管（A_2）	
消费者	企业		企业	
	执行（B_1）	不执行（B_2）	执行（B_1）	不执行（B_2）
购买（C_1）	$-c_3-s-k_1+w$ $-c_4+m+s$ $-c_5+l_1+k_1$	$-c_3-k_1+w+f_1$ $-f_2+m$ $-c_5+k_1$	$-s-k_1+w$ $-c_4+m+s$ $-c_5+l_1+k_1$	$-k_1-s$ $s+m$ $-c_5+k_1$
不购买（C_2）	$-c_3-s+w$ $-c_4+s$ 0	$-c_3+f_1+w$ $-f_2$ 0	$-s+w$ $-c_4+s$ 0	$-s$ s 0

图 7.1 三方博弈收益矩阵

其监管成本是 c_3，获得的环境效益为 w，对企业和消费者的补贴分别是 s 和 k_1。在这种情境下，政府选择执行监管的期望收益为 $-c_3-s-k_1+w$；对于绿色认证企业来说，执行绿色标准需要付出的额外成本为 c_4，从政府方面获得的收益为 s，从消费者方面获得的收益为 m，企业选择执行绿色标准的收益为 $-c_4+m+s$；对于消费者来说，标志产品的溢价为 c_5，购买绿色产品的额外收益为 l_1，从政府方面获得的补贴为 k_1，消费者选择购买的期望收益为 $-c_5+l_1+k_1$。图 7.1 中其他情境下三者期望收益的计算与此类似，在此不一一赘述。

根据演化博弈理论，博弈参与者会模仿群体内其他个体具有更高收益的策略行为，收益越高的策略其适应度也越高。对于某个个体来说，其行为概率的变化与其适应度和群体平均适应度的差距正相关。用复制动态方程描述政府部门、绿色认证企业和消费者策略调整的速度和方向。根据图 7.1 和 7.2 节，政府部门选择监管的适应度为

$$U_x = yz(-c_3-s-k_1+w) + y(1-z)(-c_3-s+w)$$
$$+ (1-y)z(-c_3+f_1-k_1+w) + (1-y)(1-z)(-c_3+f_1+w) \quad (7.1)$$

政府部门选择不监管的适应度为

$$U_{1-x} = yz(w-s-k_1) + y(1-z)(-s+w) + (1-y)z(-k_1-s)$$
$$+ (1-y)(1-z)(-s) \quad (7.2)$$

用 U_x 表示政府部门选择监管（A_1）的适应度，用 U_{1-x} 表示政府部门选择不监管（A_2）的适应度。因此，政府部门的平均适应度为

$$\overline{U}_A = xU_x + (1-x)U_{1-x}$$

对于政府部门来说，在一定长度的连续时间段内，监管变化率与选择监管的适应度（U_x）和平均适应度（$\overline{U}_A$）之间的差距正相关。由此，政府部门监管变化率为[192]

$$f_A = \frac{\mathrm{d}x}{\mathrm{d}t} = x(U_x - \overline{U}_A) = x(1-x)(U_x - U_{1-x}) \tag{7.3}$$

将式（7.1）和式（7.2）代入式（7.3），可得

$$f_A = x(1-x)[-c_3 + (1-y)(w + s + f_1)] \tag{7.4}$$

类似地，绿色认证企业选择策略 B_1 和 B_2 的适应度分别为

$$U_y = xz(-c_4 + m + s) + x(1-z)(-c_4 + s) + z(1-x)(-c_4 + m + s) \\ + (1-x)(1-z)(-c_4 + s) \tag{7.5}$$

$$U_{1-y} = xz(-f_2 + m) + x(1-z)(-f_2) + z(1-x)(s + m) \\ + (1-x)(1-z)s \tag{7.6}$$

用 U_y 表示绿色认证企业选择执行（B_1）的适应度，用 U_{1-y} 表示绿色认证企业选择不执行（B_2）的适应度。绿色标志认证企业的平均适应度为

$$\overline{U}_B = yU_y + (1-y)U_{1-y}$$

绿色认证企业执行变化率为

$$f_B = \frac{\mathrm{d}y}{\mathrm{d}t} = y(U_y - \overline{U}_B) = y(1-y)(U_y - U_{1-y}) \tag{7.7}$$

将式（7.5）和式（7.6）代入式（7.7），可得

$$f_B = y(1-y)[-c_4 + x(f_2 + s)] \tag{7.8}$$

同样地，消费者选择策略 C_3 和 C_4 的适应度分别为

$$U_z = xy(-c_5 + l_1 + k_1) + x(1-y)(-c_5 + k_1) + z(1-x)(-c_5 + l_1 + k_1) \\ + (1-x)(1-y)(-c_5 + k_1) \tag{7.9}$$

$$U_{1-z} = 0 \tag{7.10}$$

用 U_z 表示消费者选择购买（C_3）的适应度，用 U_{1-z} 表示消费者选择不购买（C_4）的适应度，可得消费者的平均适应度为

$$\overline{U}_C = zU_z + (1-z)U_{1-z}$$

消费者购买变化率为

$$f_C = \frac{\mathrm{d}z}{\mathrm{d}t} = z(U_z - \overline{U}_C) = z(1-z)(U_z - U_{1-z}) \tag{7.11}$$

将式（7.9）和式（7.10）代入式（7.11），可得

$$f_C = z(1-z)(-c_5 + k_1 + yl_1) \tag{7.12}$$

式（7.4）、式（7.8）和式（7.12）组成了该演化博弈的连续概率动态系统。当 f_A、f_B 和 f_C 均等于 0 时，意味着博弈三方的策略调整为 0，系统达到相对稳定的均衡状态。因此，该演化博弈的复制动态方程组为

$$\begin{cases} f_A = x(1-x)[-c_3 + (1-y)(w+s+f_1)] = 0 \\ f_B = y(1-y)[-c_4 + x(f_2+s)] = 0 \\ f_C = z(1-z)(-c_5 + k_1 + yl_1) = 0 \end{cases} \tag{7.13}$$

求解方程组（7.13），可以得到该演化博弈的均衡解其中八个纯策略的均衡解为 $\boldsymbol{X}_1 = (0, 0, 0)^T$，$\boldsymbol{X}_2 = (0, 0, 1)^T$，$\boldsymbol{X}_3 = (0, 1, 0)^T$，$\boldsymbol{X}_4 = (0, 1, 1)^T$，$\boldsymbol{X}_5 = (1, 0, 0)^T$，$\boldsymbol{X}_6 = (1, 0, 1)^T$，$\boldsymbol{X}_7 = (1, 1, 0)^T$，$\boldsymbol{X}_8 = (1, 1, 1)^T$。两个混合策略的均衡解为 $\boldsymbol{X}_9 = \left(\dfrac{c_4}{f_2+s}, \dfrac{w+s+f_1-c_3}{w+s+f_1}, 0\right)^T$，$\boldsymbol{X}_{10} = \left(\dfrac{c_4}{f_2+s}, \dfrac{w+s+f_1-c_3}{w+s+f_1}, 1\right)^T$。

根据弗里德曼的观点[193]，可以通过分析演化博弈系统的雅可比矩阵行列式的秩和迹的值确定复制动态方程各个均衡点的稳定性。考虑到计算的复杂性及难以确定各个变量发生变化时的影响，以下通过系统动力学仿真的手段对政府部门、绿色认证企业和消费者的演化博弈过程进行建模分析。分析的目的在于为政府部门的政策制定提供建议，研究如何使博弈向 (A_2, B_1, C_1) 的方向演化，即在政府部门尽可能少监管的情况下，绿色认证企业自发地执行相关标准，消费者购买绿色标志产品。

7.4 基于系统动力学的模型分析

系统动力学是一门分析和研究信息反馈系统的科学，也是一门认识系统问题和解决系统问题的综合性学科。系统动力学认为，系统的行为模式和特性主要取决于其内部的动态结构和反馈机制[194,195]。在演化博弈中，参与者将其选择的策略收益与其他选择进行比较，从而动态调整策略选择。因此，在给定的系统结构下，可以应用系统动力学的方法研究政府部门、绿色认证企业和消费者之间的相互作用机制[190]。

7.4.1 绿色消费演化博弈系统动力学模型

采用 Vensim PLE 6.3 仿真平台建立描述政府部门、绿色认证企业和消费者三者相互作用关系的系统动力学模型，如图 7.2 所示，其中各个水平变量（选择监管的政府部门比率、选择购买的消费者比率和选择执行的企业比率）、速率变量（监管变化率、购买变化率和企业执行率）、辅助变量（监管适应度、不监管适应度、监管与不监管适应度差、执行适应度、不执行适应度、执行与不执行适应度差、购买适应度、不购买适应度、购买与不购买适应度差）和外部变量（给定的参数）之间的关系基于该演化博弈的复制动态系统公式式（7.4）、式（7.8）和式（7.12）设定。

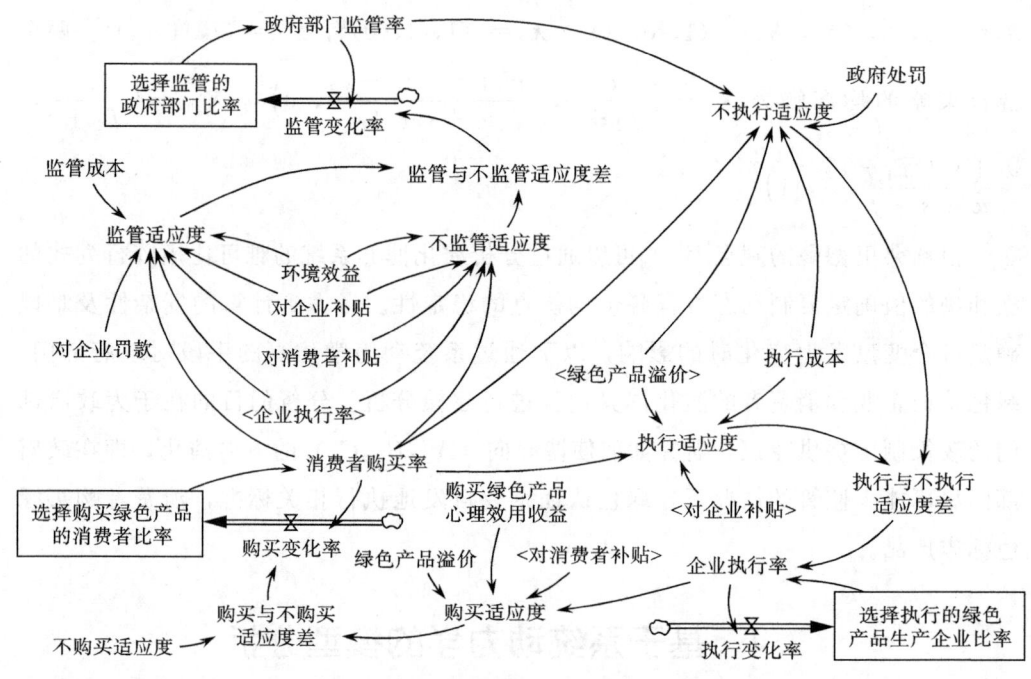

图 7.2 绿色消费演化博弈系统动力学模型

模型初始设置为：Initial Time（开始时间）=0，Final Time（结束时间）=60，Time Step（时间步长）=0.03125，时间单位为月，Integration Type（整体类型）为 Euler（欧拉）。外部变量的初始值设定如下：$c_3=2$，$w=2$，$f_1=1$，$c_4=3$，$m=1$，$s=2$，$f_2=4$，$c_5=1$，$l_1=1$，$k_1=0.25$。演化博弈系统的八个纯策略均衡解为 $X_1 \sim X_8$，混合策略均衡解为 X_9 和 X_{10}。系统演化博弈的状态如

图 7.3 所示,图中 t 表示时间,后同。

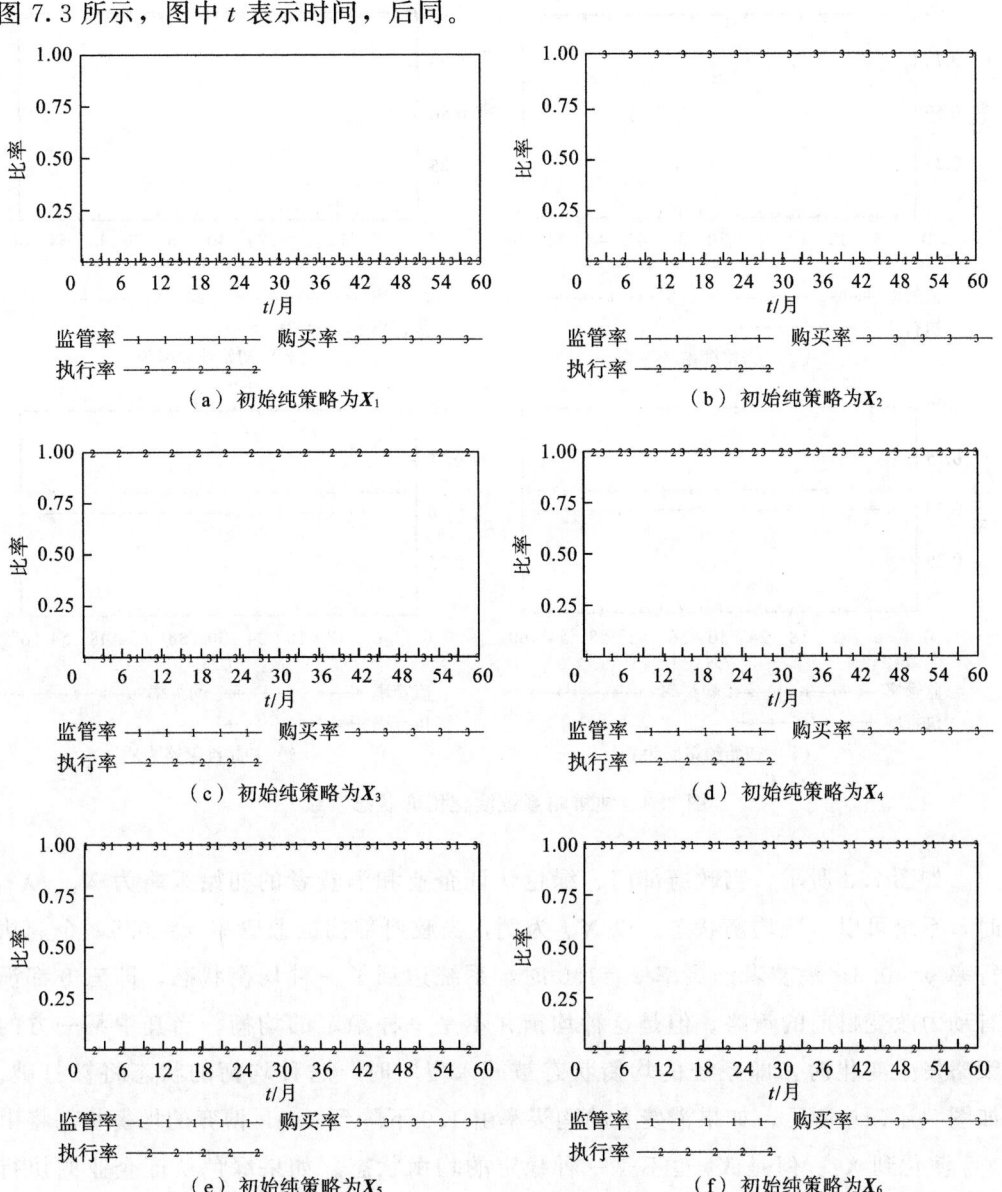

图 7.3 纯策略系统演化博弈状态

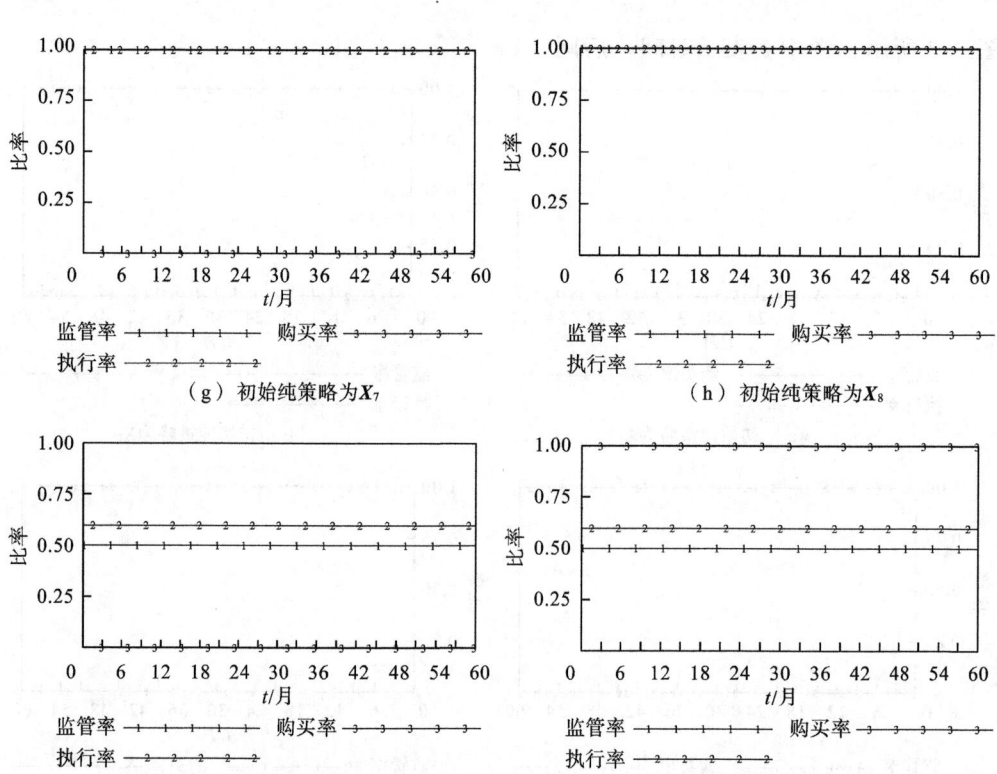

图 7.3 纯策略系统演化博弈状态（续）

如图 7.3 所示，当政府部门、绿色认证企业和消费者的初始策略为 $X_1 \sim X_{10}$ 时，系统可以实现均衡状态。以 X_{10} 为例，当政府部门的监管率 $x=0.5$，企业执行率 $y=0.6$，消费者购买率 $z=1.0$ 时，系统达到了一种均衡状态，即三方都没有动力改变目前的策略。但是这种均衡并不是一种稳定的均衡，当其中某一方的策略发生变化时，即系统的均衡状态被"入侵"时，这种均衡的状态将被打破。如图 7.4（a）所示，如果消费者的购买率由 1.0 下降到 0.9，博弈的均衡状态将由 X_{10} 演化到 X_9。但是 X_9 也不是一种稳定的均衡状态。如果绿色认证企业的执行率由 0.6 降低到 0.5，此时三者的博弈状态如图 7.4（b）所示，政府部门和绿色认证企业之间的博弈状态将处于持续的波动之中。其他 8 个均衡解为非稳定均衡解的验证与 X_9 和 X_{10} 类似，不再赘述。

同样可以分析相关参数的变化对系统稳定性的影响。这里主要分析政府可以控制的参数（包括对消费者的补贴 k_1、对绿色认证企业的补贴 s 和对企业的罚款 f_1）变化时，对绿色认证企业的执行率和消费者购买率的影响。

第 7 章 数字化环境下绿色消费促进机制设计

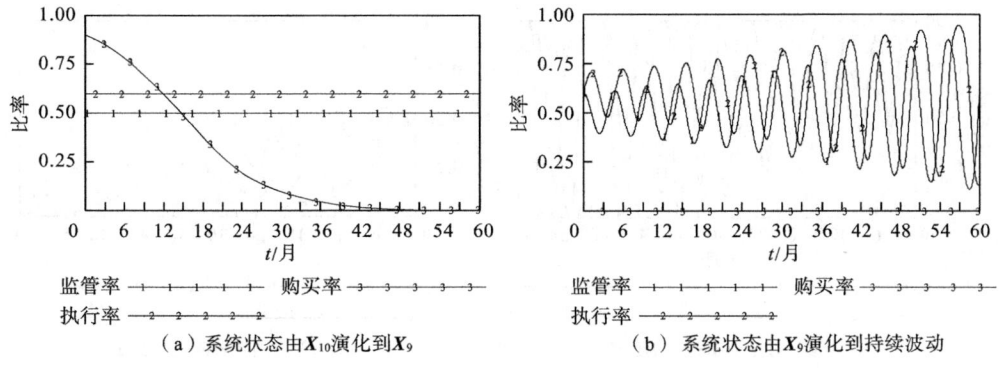

（a）系统状态由 X_{10} 演化到 X_9

（b）系统状态由 X_9 演化到持续波动

图 7.4 系统均衡状态的改变

政府对消费者补贴变化对企业和消费者的影响如图 7.5 所示。如图 7.5（a）所示，当政府对消费者的补贴上升时，绿色认证企业的执行率并不会发生变化，一直处于持续的波动中。如图 7.5（b）所示，虽然当补贴上升时，消费者的购买率会增加，但是在有限的补贴情况下（$k_1/c_5 = 0.4$，即补贴率已经达到绿色产品溢价的 40%），消费者的购买率并没有趋于 1。

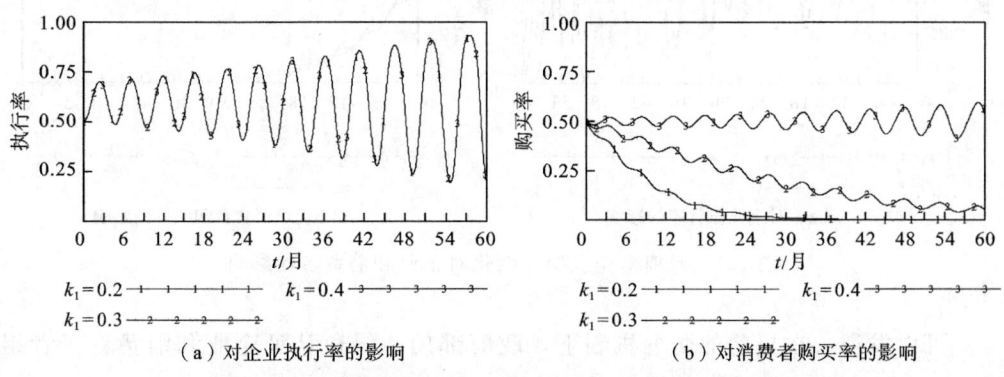

（a）对企业执行率的影响

（b）对消费者购买率的影响

图 7.5 政府对消费者补贴变化对企业和消费者的影响

政府对企业补贴变化对企业和消费者的影响如图 7.6 所示。如图 7.6（a）所示，当政府对绿色认证企业的补贴上升时，虽然企业的执行率会在短时间内上升，但是从长远看，企业的执行情况并没有趋于稳定，波动反而越来越大。同样，政府对绿色认证企业的补贴也没有显著改善消费者的购买情况。虽然当补贴上升时，短期内消费者的购买率会上升，但是最终并没有影响消费者的购买策略。

政府对企业罚款变化对企业和消费者的影响如图 7.7 所示。如图 7.7（a）所示，当政府提高对绿色认证企业的罚款时，短期内企业的执行率会上升，但是并

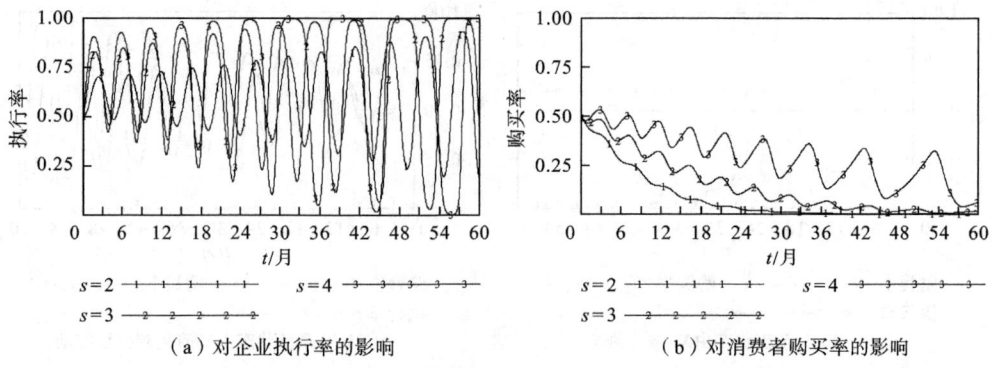

(a) 对企业执行率的影响　　　　　(b) 对消费者购买率的影响

图 7.6　政府对企业补贴变化对企业和消费者影响

没有消除博弈过程中绿色认证企业行为的波动性。同样，如图 7.7（b）所示，政府加大对绿色认证企业的处罚力度也并没有对消费者的购买率产生显著影响。

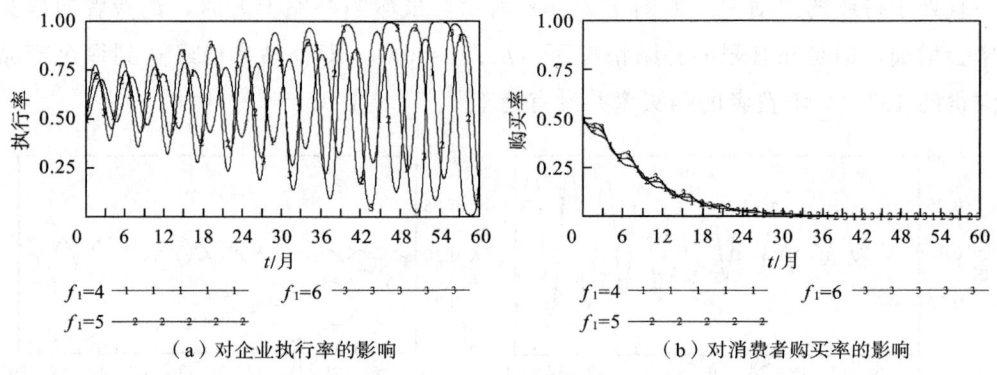

(a) 对企业执行率的影响　　　　　(b) 对消费者购买率的影响

图 7.7　政府对企业罚款变化对企业和消费者的影响

可以发现，在目前的奖惩机制下，政府部门、绿色认证企业和消费者三者组成的演化博弈系统并不存在稳定的均衡解。同时，在有限资源情况下，政府部门并不能有效地影响绿色认证企业和消费者的决策。因此，有必要重新设计政府部门对绿色认证企业和消费者的激励机制，以促使博弈均衡状态朝着政府部门希望的方向演化，即在政府部门尽可能少监管的情况下，绿色认证企业执行相关标准，消费者选择购买绿色标志产品。

7.4.2　绿色消费演化博弈有效稳定性促进机制设计

结合目前在企业监管信息平台构建和大数据在绿色消费领域应用方面的实践，本小节拟在激励机制设计方面提供一些新的方案和建议。

1. 对绿色认证企业的层级管理制度

结合目前国家正在大力推行的"双随机、一公开"监管制度（图7.8），提出在绿色消费市场中对绿色认证企业进行层级管理的方案。方案设计的思路是：根据绿色认证企业对于标准执行情况的历史记录，将企业划分成不同的等级，对不同等级的企业采用不同的抽查概率和处罚措施，以督促绿色认证企业尽可能自发地执行标准，同时降低政府部门的监管成本。

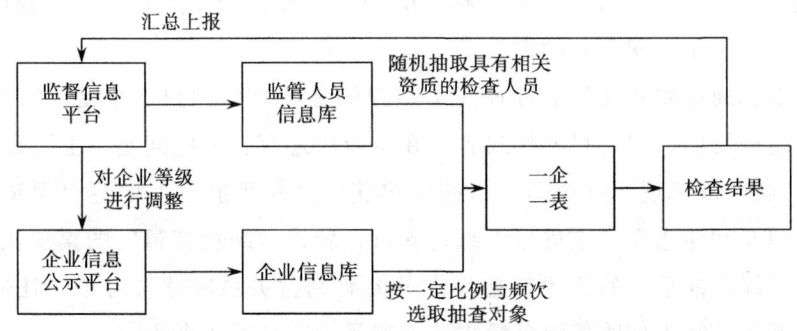

图7.8 "双随机、一公开"监管制度流程示意图

注：本图根据"双随机、一公开"监管制度工作流程整理。

具体来说，就是建立企业监管信息平台，记录政府部门对绿色认证企业的监管结果，根据结果对企业的执行情况进行划分。在后续的监管中，在企业信息数据库中随机抽取企业进行检查，其中历史执行情况较好的企业被抽取到的概率小，历史执行情况较差的企业被抽取到的概率大。检查结束以后，根据结果重新对绿色认证企业的等级进行划分。政府对不同等级的企业施行不同的补贴政策，从而提高低等级企业执行相关标准的积极性。对于高等级的企业，虽然被检查的概率较小，但如果发现其执行情况较差，对其处罚也更严厉（包括取消补贴、降级和媒体曝光等），从而形成良性循环，促使绿色认证企业持续投入和执行相关标准。

在对绿色认证企业进行等级管理的情况下，政府部门根据绿色认证企业的执行情况对其进行补贴，执行情况好的企业将获得更多的补贴。为了便于说明和计算，将政府部门对绿色认证企业的补贴表示为 $s_1 = p_1 ys$，s_1 表示应用层级管理制度后的补贴，政府部门对绿色认证企业的处罚可以表示为 $f_{21} = \dfrac{p_2 f_2}{x}$，$f_{21}$ 表示应用层级管理制度后的处罚，其中 p_1 和 p_2 分别是补贴和惩罚系数，p_1、$p_2 > 0$。

2. 对消费者绿色消费的积分管理制度

从2016年开始，阿里巴巴集团旗下的蚂蚁金服开始为其平台用户开通个人

"碳账户"——蚂蚁森林。当用户通过步行、乘坐公共交通工具、无纸化网络缴费和使用环保的快递包装减少碳排放等时,用户就会收获相应的"绿色能量"。用户可以用一定数目的绿色能量在支付宝里"种"下一棵虚拟的树。当这棵树长大以后［大约需要18千克的绿色能量,其中绿色能量和碳减排的算法由北京绿色交易所有限公司(简称北京环交所)和大自然保护协会提供］,一些公益组织、环保企业等蚂蚁生态的合作伙伴就会根据客户的选择,在现实中某个地方种下一棵真实的树。截至2019年4月,"蚂蚁森林"的用户已经达到了5亿人,在我国的西北地区总共种下了1亿棵真实的树[13]。

蚂蚁森林通过游戏化的设计提高了用户的参与度,用户在享受趣味性的同时参与到节能减排中。但是目前蚂蚁森林在运行中还存在一些问题,主要有:

1)内容和形式还不够全面。目前用户获取"绿色能量"的主要渠道有步行、使用共享单车和使用支付宝进行无纸化支付,获得"绿色能量"的渠道比较单一,很多获得"绿色能量"的行为都是与支付宝有利益关系时才被考虑,还有很多绿色消费范畴内的行为如购买绿色标志认证产品没有被纳入考虑[196]。

2)影响范围较小,覆盖的用户群体不够广泛[197]。虽然目前已经有5亿用户在使用蚂蚁森林,但是还有很多消费者在使用微信进行社交和移动支付。国家可以制定统一的碳减排计算标准,为消费者开通碳账户。消费者在各个商业平台上获得的积分可以在碳账户中进行汇总和统一管理,后续还可以根据消费者的积分对其进行定量化的激励和补贴。

假设国家可以对消费者的行为进行定量化的激励和补贴,积分较高的消费者即过往更倾向于选择绿色标志认证产品的消费者可以获得更多的补贴。为了便于说明和计算,将消费者获得的补贴表示为 $k_2 = p_3 y k_1$,k_2 表示应用层级管理制度后的补贴,其中 p_3 为补贴系数,$p_3 > 0$。

3. 方案的验证

以下对绿色认证企业的等级管理制度和消费者绿色消费的积分管理制度应用的有效性进行数值验证,在不失一般性的前提下,令 $p_1 = p_2 = p_3 = 1$。当政府部门、绿色认证企业和消费者的初始策略集为 ($x=0.5$,$y=0.5$,$z=0.5$) 时,系统的演化情况如图7.9(a)所示。再随机选择,假设初始的策略集为 ($x=0.8$,$y=0.4$,$z=0.6$),如图7.9(b)所示,可以发现系统同样大致收敛于 $(0,1,1)^T$。

由图7.9可知,在绿色认证企业和消费者行为奖惩机制下,由政府部门、绿色认证企业和消费者三者组成的系统收敛于 $\boldsymbol{X}^* = (x,1,1)^T$,其中 $x \to 0$。$\boldsymbol{X}^*$

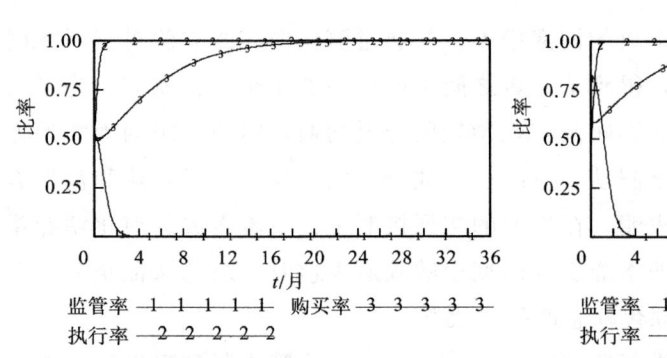
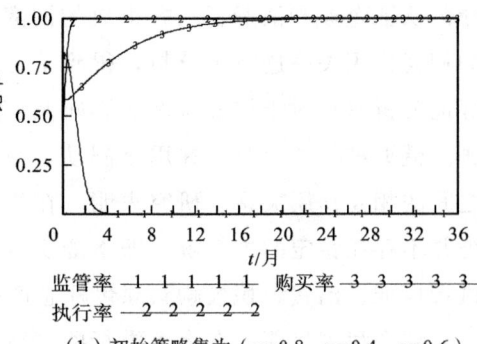

（a）初始策略集为（$x=0.5$，$y=0.5$，$z=0.5$）　　（b）初始策略集为（$x=0.8$，$y=0.4$，$z=0.6$）

图 7.9　系统演化示意图

是不是一个稳定的均衡解呢？可以通过系统雅可比矩阵特征值的正负来判断。由公式（7.13），可得系统雅可比矩阵为

$$J = \begin{bmatrix} (1-2x)(-c_3+(1-y)A) & x(1-x)(-c_3-A+s(1-y)) & 0 \\ sy(1-y) & (1-2y)(-c_4+f_2+xs) & 0 \\ 0 & l_1 z(1-z) & (1-2z)B \end{bmatrix} \tag{7.14}$$

其中，$A=w+ys+f_1$，$B=-c_5+zk_1+yl_1$。

将 $\boldsymbol{X}^* = (x, 1, 1)^\mathrm{T}$ 代入式（7.14），可得

$$J_1 = \begin{bmatrix} -c_3(1-2x) & x(1-x)(-c_3-w-s-f_1) & 0 \\ 0 & c_4-f_2-xs & 0 \\ 0 & 0 & c_5-k_1-l_1 \end{bmatrix} \tag{7.15}$$

由公式（7.15）可得矩阵的特征值为

$$\begin{cases} \lambda_1 = -c_3(1-2x) \\ \lambda_2 = c_4 - f_2 - xs \\ \lambda_3 = c_5 - k_1 - l_1 \end{cases} \tag{7.16}$$

将 c_3、c_4、c_5、f_2、s、k_1 和 l_1 的值代入式（7.16），当 $x \to 0$ 时可以发现 $\lambda_1 < 0$，$\lambda_2 < 0$，$\lambda_3 < 0$。均衡解 $\boldsymbol{X}^* = (x, 1, 1)^\mathrm{T}$，$x \to 0$ 是一个稳定的均衡解。

7.5　分析讨论

在第 6 章的基础上，本章进一步考虑了消费者的行为及其影响，构建了政府、

绿色认证企业和消费者三方组成的博弈模型，并通过演化博弈的方法对三者之间的相互作用关系进行了分析，得到了三者之间可能存在的十个均衡状态。为了更好地分析参数对于均衡状态的影响及实现预期的稳定均衡，结合系统动力学的方法对模型进行了研究，并用复制动态系统表示政府部门、绿色认证企业和消费者之间的相互作用关系。研究表明，在当前的奖惩机制下，三者组成的演化博弈系统并不存在稳定的均衡解，即不能实现所期望的政府少监管、绿色认证企业自发执行标准、消费者积极购买绿色标志产品的状态。

结合我国目前正在大力推行的"双随机、一公开"监管机制和阿里巴巴旗下蚂蚁金服针对支付宝平台用户的"蚂蚁森林"系列环保减排活动，提出了应用针对绿色认证企业的等级管理机制和针对消费者绿色消费行为的积分管理制度以促进绿色消费发展的方案。在绿色认证企业等级管理机制下，政府部门针对不同等级的企业实行不同概率的监管和不同额度的补贴。而在消费者绿色消费行为积分管理制度下，消费者所能获得的补贴与其绿色消费历史记录有关。通过将新的奖励和补贴方案代入模型，可以发现，系统将演化到稳定均衡状态 $\boldsymbol{X}^* = (x, 1, 1)^\mathrm{T}$，其中 $x \to 0$，即可以实现政府部门在尽量少监管的情况下，绿色认证企业严格执行标准，消费者积极购买。

本书第5章构建了政府对企业的监管模型，但事实上，作为绿色消费的终端环节，消费者的行为正在对政府和企业产生越来越多的影响。从微观的角度看，消费者在绿色消费的过程中是在用合适的价格来满足心理（如环保意识、主观规范和感知行为控制等）和生理（健康意识）的需求。从宏观的角度看，产品的价格受企业生产和政府产业政策的影响，而消费者的心理因素同样会被外界的因素所干扰。消费者的绿色消费行为是政府部门、企业和消费者相互作用的结果。因此，在研究绿色消费的影响因素及其引导机制时必须从系统的角度出发和着手。

为了协调政府部门、绿色认证企业和消费者之间的关系，促进绿色消费更好地发展，本章应用演化博弈的方法分析了三者之间动态的相互作用关系。研究结果显示，在目前静态的奖惩机制下，政府部门、认证企业和消费者之间不存在稳定的均衡状态，即不能实现所期望的政府少监管、绿色标志认证企业自发执行标准、消费者积极购买的状态。结合新的管理实践和技术背景，本章提出了综合应用针对绿色标志认证企业的等级管理机制和针对消费者绿色消费行为的积分管理制度来促进绿色消费持续发展的方案，并通过数值分析的方法对方案的可行性进行了验证。相关的研究结论可为政府绿色消费促进机制设计和管理体系的完善提供参考。

第8章 智慧监管与定量激励驱动下的绿色消费发展机制

> 不创新，就消亡。
>
> ——（美）亨利·福特

8.1 智慧监管与中国市场监管创新

智慧监管理论由康宁汉姆（Gunningham）和戈拉博斯基（Grabosky）于1998年首次提出，其核心内容是治理的八大原则，包括：①避免政策的不利影响；②选择不同的政策工具；③选择包含广泛机构的政策；④当传统政策工具失败时，制定或使用新的政策工具；⑤使用激励工具和信息工具；⑥减少干预主义措施；⑦在实现政策目标必需的范围内，提出充满活力的政策工具"金字塔"；⑧实现最大化的双赢结果。在监管理念方面，智慧监管的价值追求是实现公平、效率和自主；在监管主体方面，智慧监管主张应包含除政府和监管部门以外广泛的机构；在监管手段方面，智慧监管采用渐进式理念；在政策工具方面，偏好多维度、激励性手段；在信息工具方面，依托大数据分析等信息技术的创新应用，搭建体系标准化、监管信息化、信息数据化的信息化监管平台[172]。

在环境治理、资源开发及网络订餐等领域，国内外学者就智慧监管理论的推行进行了大量的研究。范·高瑟姆（Van Gossum）等针对比利时和荷兰的森林扩张和可持续发展问题分析了政策工具设计与政策实施结果的关系。他们的研究发现基于按照智慧监管原则制定的政策工具组合能够改善治理目标或提升治理能力[198]。乔丹（Jordan）等基于智慧监管理论对创新效率提出了政策建议，认为应优化政府资助计划，促进创新推动者和创新实验室之间的协同，从而实现监管者与被监管者的双赢[199]。康切涅克（Konschnik）等结合智慧监管理论思想提出了一个涵盖风险表征、缓解和政策优化、监管和执行的政策框架，并分析了其在风险削减方面的效用[200]。针对网络订餐行业的高信息不对称性、高外部性、高流动性等特征，刘鹏和李文韬基于智慧监管理论提出了一个分析框架，并从监管理念、监管手段和监管效果等方面提出了对策[201]。

我国自2016年以来在市场监管领域持续深入推进"放管服"改革并取得了重要进展。根据世界银行发布的《2020年全球营商环境报告》，中国整体营商环境从2019年的全球第46位跃升至2020年的第31位，是营商环境改善最显著的十大经济体之一。在这一改革过程中，加强和创新监管被认为发挥了积极作用[173]。结合具体的行业背景，国内学者对市场监管模式创新开展了大量研究。陈季修和刘智勇应用多元共治理论，提出"政府主导、行业自律、社会参与、协同共治"的食品安全市场监管模式[202]。王虎峰和甘铁立通过对卫生行业多元监管主体的优劣分析，提出了多元监管格局和全流程监管模式[203]。郝素利基于多中心治理理论在特种设备安全监管方面的应用，构建了政府、市场和社会共同参与的多元共治模式[204]。通过对相关文献的梳理，笔者发现虽然很多研究者强调了多元主体参与的重要性，但是少有研究对具体的引导机制进行分析。此外，对于如何将新兴的信息技术应用于市场监管领域关注度不够。

"双随机、一公开"制度是我国在市场监管领域的重大创新，是党中央和国务院在社会治理多元化背景下，为满足"放管服"改革而作出的重大决策部署。其中，"双随机"是指随机从数据库中抽取检查对象，随机选派执法检查人员；"一公开"是指及时向社会公开检查结果，并接受公众的监督与反馈[205]。"双随机、一公开"制度自提出以来取得了广泛的社会影响力，试点三年多来积累了大量有益的经验，但是目前关于该制度的理论内涵及运行机制的研究还比较少。孔庆山等通过构建"双随机、一公开"产品质量监管理论模型，分析了抽查企业和抽查人员的群体行为演化机制，得出了针对相关利益主体的激励机制，并通过建模对"双随机、一公开"制度的运行机制进行了分析，但对其理论内涵的探索并未展开[206]。

8.2 绿色消费行为激励及其数字化演进

消费者购买绿色标志产品属于绿色消费的范畴。事实上，绿色标志本身也属于绿色消费激励措施的一种。目前，针对消费者绿色消费行为的激励措施除了绿

第 8 章　智慧监管与定量激励驱动下的绿色消费发展机制

色标志以外还包括舆论宣传、补贴政策及设立绿色积分账户等。

(1) 舆论宣传

通过新闻媒体对和绿色消费有关的行为进行正面的报道和宣传被认为是引导消费者树立科学的消费理念、改变消费者绿色消费态度的有效措施。有研究结果证实，舆论宣传有助于激发消费者的环保责任意识，从而对消费者的行为产生潜移默化的影响[207]。但也有学者认为传统的信息呈现模式并不完全奏效，未能显著地、实质地改变消费者的行为模式[208]。

在数字化生态系统下，信息传播主体、传播渠道及传播空间等都发生了改变。一方面，可以通过个人客户端向消费者发送定制化的绿色产品和服务的广告；另一方面，一些游戏化、娱乐化的绿色消费宣传方式也开始逐渐被推广应用。例如，阿里巴巴公司为其支付宝用户开通了"蚂蚁森林"碳账户，使用者不但可以在收集"绿色能量"（通过现实中的绿色消费行为或者完成游戏中的任务获得）的过程中与其他用户进行互动和交流，而且可以在个人移动社交平台上分享其在游戏中取得的一些成绩[209]。

(2) 补贴政策

消费领域绿色补贴一般是政府依据相关政策向生产绿色产品或提供绿色服务的企业拨付一定的资金或提供税收减免。企业将收到的补贴款项从产品或服务销售价格中扣除，从而减少消费者购买的支出[210]。现行的绿色消费补贴大多是由政府将相关补贴发放给企业，再通过企业将优惠让渡给消费者，进而对消费者的消费偏好和行为习惯进行引导[211]。国内外很多学者的研究表明，消费领域的绿色补贴政策在短期内可以引导消费者的绿色消费行为，有利于促进绿色产业的发展和绿色技术创新[212]。但是也有部分学者指出，现行补贴政策干扰了正常的市场秩序，而且企业的绿色行为在补贴取消以后往往很难保持[213]。因此，有学者提出，在数字化环境下，通过对消费者绿色消费行为的记录、汇总和分析，直接针对消费者进行定量化补贴[214]。

(3) 绿色积分账户

绿色积分账户是指对于消费者因绿色消费行为而获得的绿色积分进行记录和管理而设立的个人账户[211,215]。目前实际运行的个人绿色账户形式有个人碳账户和垃圾分类积分账户等。虽然从理论角度看，个人绿色账户制度有利于消除绿色消费行为的负内部性，培养消费者的绿色消费习惯，但实际推行过程中仍面临很多问题和阻碍。一方面，消费者零散的购买行为不容易被记录和追踪；另一方面，对数量庞大的个人账户进行管理意味着高昂的成本。近年来，移动互联网和移动消费的兴起为个人绿色账户制度的发展带来了新的机遇。结合移动支付和实时定位技术可以很方便地对消费者的绿色消费行为及其积分进行测算，通过一些移动商务平台也可以实现对消费者绿色账户的便捷管理。

8.3　智慧监管与定量激励驱动下绿色标志产品消费促进机制

围绕绿色标志认证发展中存在的问题，国内外学者进行了大量的研究。通过对相关文献的梳理，笔者认为应从监管和激励两个方面着手对绿色标志认证发展促进机制进行分析。无论是在市场监管还是在绿色消费领域，一些创新型的实践活动已经开始推行并有成功应用的范例，但相关的理论内涵和应用模式还有待进一步的探索和完善。

8.3.1　智慧监管理论视角下绿色认证企业监管模式及其运行机制

1. 智慧理论视角下绿色认证企业监管模式构建

在绿色标志监管方面推行"双随机、一公开"制度，需要对其应用模式和运行机制等内容展开研究。绿色标志监管属于市场监管的范畴，而"双随机、一公开"制度是我国目前在市场监管领域大力推行的一种新理念，研究如何在绿色标志监管中落实"双随机、一公开"制度具有重要的理论和实践意义。目前在"双随机、一公开"制度方面的理论研究还比较少，在绿色标志监管方面如何落实该制度也有待进一步探索。作为近年来伴随着社会治理多元化发展起来的一种全新的理论，智慧监管被认为是市场监管改革的方向和目标。综合上述观点，笔者提出结合智慧监管理论对"双随机、一公开"制度在绿色认证企业监管中的推行模式与运行机制展开探索。

图 8.1 所示为本书提出的针对绿色认证企业的动态层级监管模式概念模型。依据智慧监管理论的思想，在动态层级监管模式中，政府将从检查的执行主体转变为依靠信息平台与数据分析进行监督、促进和协调的系统决策者。该模式的设计思路是：在绿色认证企业数据库中，企业依据其历史执行情况被划分成不同的等级。在选择抽查对象时，历史执行情况较好的企业被抽取到的概率较小，历史执行情况较差的企业被抽取到的概率较大。确定抽查对象以后，绿色认证企业数

据库将根据企业类型、生产工艺和流程等生成对应的检查内容。第三方检测机构数据库也将根据检查内容随机推荐具有检测资质的机构。通过这种方式（"双随机、一公开"制度中的"一企一单"），一方面可以杜绝检测机构和检查对象之间的权力寻租行为，另一方面可以减少检查的随意性和盲目性。

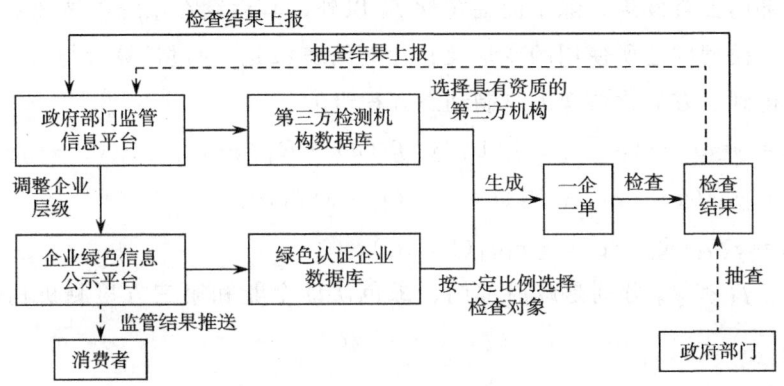

图 8.1 监管模式概念模型

检查结束以后，政府部门监管信息平台根据检查结果重新调整数据库中企业的等级，对不同等级的企业施行有差别的奖惩措施。在动态层级监管模式下，政府部门将不再执行大量的检查工作，而是对少量企业进行抽查，对第三方机构的检查结果进行核实。企业绿色信息公示平台将通过手机 APP 和微信公众号等方式向消费者推送绿色认证企业标准执行情况。通过以上设计实现智慧监管理论所要求的多主体参与、动态化的监管手段及多信息平台协同的理念。在概念模型的基础上，后文将通过构建理论模型和数值仿真的方式对该动态层级监管模式进行推演，结合模型分析的结果对所提出的模式进行细化和完善。

2. 动态层级监管模式运行机制

本部分将应用演化博弈建模和系统动力学仿真的方法对动态层级监管模式运行中的一些具体问题进行研究，包括抽查比例的制定、不同等级企业奖惩措施及对于第三方检测机构的引导机制等。研究的思路是：在绿色认证企业数据库中，企业层级划分为 n（$n \geqslant 1$）级，每个层级内企业抽查的比例为 p_n。对于政府部门，其决策变量为对第三方检测机构抽查的概率 x_1，抽查的成本为 c_7。

对于绿色认证企业，其决策变量为执行认证标准的概率 y，执行成本为 c_4。企业绿色生产行为带来的环境效益为 w。政府部门对企业的罚款 $f_1(n)$ 和补贴 $s(n)$ 根据其所在的等级动态调整。在汇总检查结果以后，企业绿色信息公示平台会将绿色认证企业标准执行情况向公众推送。企业参与绿色认证获得的收益 $R_1(n)$ 将与其所在层级关联。

对于第三方检测机构,其决策变量为认真检查的概率 z_1。第三方机构执行检查的成本为 c_8,检查获得的收益为 R_2。如果第三方机构不认真执行检查,且其行为被政府部门抽查发现,除了面临罚款 f_3 以外,其后续在系统中被选中的概率 q_1 也将降低。模型构建所使用的变量及其含义见表8.1。通过计算参与者的平均适应度,可以得到三方演化博弈的复制动态方程组为

$$\begin{cases} f_z = y[w-s(n)] + z_1[(1-y)f_1(n) - R_2] - x_1[c_7-(1-z_1)f_3] \\ f_1 = y[s(n)-c_4] + R_1(n) - z_1(1-y)f_1(n) \\ f_d = z_1 q_1 (R_2-c_8) - x_1 q_1 (1-z_1) f_3 \end{cases}$$

其中,f_z、f_1 和 f_d 分别是政府部门、绿色认证企业和第三方检测机构的执行变化率。

表 8.1 模型变量及其含义

参数方描述	变量	变量的含义
政府部门	x_1	决策变量,对第三方机构抽查的概率
	c_7	对第三方机构抽查的成本
	f_1	对企业的罚款
	f_3	对第三方机构的罚款
	s	对企业的补贴
	w	环境效益
绿色认证企业	y	决策变量,企业执行相关标准和规定的概率
	n	企业所处的层级
	M_n	每一层级中企业的数量
	p_n	不同层级抽查比例
	c_4	企业执行成本
	R_1	企业参与绿色认证的收益
第三方检测机构	z_1	决策变量,第三方机构认真检查的概率
	q_1	第三方机构被选中的概率
	c_8	检查成本
	R_2	检查收益

由于系统动力学模型是对现实问题结构的抽象而不是对统计相关性的描述,

所以其要求的部分仿真参数不能通过统计数据获得。针对这种情况，借鉴改进遗传算法对模型参数进行估算和优化。

基于构建的系统动力学模型，首先对动态层级监管模式进行验证，即分析在该模式下能否实现智慧监管所追求的稳态均衡（在政府尽量少监管的前提下，绿色认证企业选择执行标准，第三方检测机构认真执行检查）。其次，分别研究绿色认证企业层级的划分方式、抽查的比例及动态调整的幅度等对于系统均衡的影响。最后，从政府的角度出发，探索如何针对不同类型的绿色认证企业和第三方检测机构制定相应的奖惩措施和引导机制。对相关的政策情境的仿真与推演，旨在从政府的角度出发，建立监管决策（包括对第三方监管机构的抽查频率、各层级绿色认证企业抽查比例及企业层级调整方式等）与外生变量（包括企业执行成本、第三方机构检查成本、政府抽查成本和企业参与绿色认证的收益等）之间的作用关系表达式。

8.3.2 数字化环境下消费者绿色消费激励机制选择偏好研究

1. 消费者购买绿色标志产品激励机制选择偏好研究

应用选择实验的方法，检验消费者群体在绿色标志产品消费决策过程中对经济补贴、绿色消费积分及环保形象塑造等不同激励形式的偏好及其显著性水平。假定一个虚拟的消费情境中有两种产品，即绿色标志产品 A 和普通产品 B，绿色标志产品相对于普通产品的溢价为 p_y，绿色度为 r_g，其中 p_y、$r_g \geq 0$。

为了便于研究，设计三种典型的绿色消费激励组合：激励体系Ⅰ（以经济补贴为主），消费者购买绿色标志产品可以获得 $a_1 p_y$ 的补贴；激励体系Ⅱ（以绿色形象塑造为主），消费者进行绿色标志产品消费可以获得 $b_1 r_g$ 的绿色消费积分，绿色消费积分可以用来换取环保勋章，并可以通过个人网络社交平台进行展示；激励体系Ⅲ（混合激励机制），消费者购买绿色标志产品可以获得 $a_2 p_y$ 的补贴和 $b_2 r_g$ 的绿色消费积分。a_1、a_2、b_1、b_2 为比例系数，基于一些常识，假设 $0 \leq a_2 \leq a_1 \leq 1$，$0 \leq b_2 \leq b_1 \leq 1$，其数值大小将通过正交试验获得。在本试验中，消费者（被测试者）需要综合考虑不同体系的激励属性及其水平，结合自身需求进行权衡，在仔细比较后做出选择。其中，普通产品是作为基准项出现的。为了消除非关键因素对试验的干扰，消费者将被告知两种产品在其他属性上无显著差别，如质量、安全性和外观等。试验任务示例见表8.2。

表 8.2　试验任务示例

属性	激励体系 Ⅰ	激励体系 Ⅱ	激励体系 Ⅲ	普通产品
经济补贴	$a_1 p_y$	0	$a_2 p_y$	0
绿色消费积分	0	$b_1 r_g$	$b_2 r_g$	0
个体选择（在○内打√）	○	○	○	○

从经济水平、人口规模及绿色消费发展现状等方面综合考虑，选择具有代表性的若干省份分别进行调查，收集数据，并利用贝叶斯信息准则和特征组模型对试验获得的数据进行分析，计算消费者对于不同激励形式的选择偏好，通过表面不相关回归的方法探究消费者的人口统计学因素（包括性别、教育背景和收入水平等）对其绿色标志产品消费激励方式选择偏好的影响。根据消费者的人口统计学因素及其对不同绿色标志产品消费激励方式的偏好程度对消费者进行分类，给出对不同特征消费者进行分类的概率参数准则。

2. 考虑消费者行为特征与市场结构差异的定量激励方式适用情境分析

借鉴计算实验方法，考虑消费者的有限理性与类型分布，对消费者绿色标志产品消费行为属性及行为规则进行抽象和提取，从而生成环保态度、消费频次、绿色标志信任度、价格敏感度及互动强度等各不相同的人工主体，通过模拟现实消费者在定量化激励情境下的绿色标志产品消费行为，探索不同激励形式对其消费行为的影响。

同样假设有两种产品，即绿色标志产品 A 和普通产品 B，绿色标志产品与普通产品相比有溢价，市场中消费者总数为 M_T。参考上文中得到的结果，设置不同的市场类型。在高绿色度市场上，绿色积分激励偏好消费者比例 θ_1 大于经济补贴激励消费者比例 θ_2；在低绿色度市场上，经济补贴激励偏好消费者比例 θ_2' 大于绿色积分偏好消费者比例 θ_1'，见表 8.3。

表 8.3　市场类型示例

消费者类型	市场类型	
	高绿色度	低绿色度
绿色积分激励偏好	θ_1	θ_1'
经济补贴激励偏好	θ_2	θ_2'
无偏好	θ_3	θ_3'

对消费者绿色标志产品消费行为相关属性和行为规则进行抽象和提取的思路是：将消费者依据其行为特征映射为多个人工主体，每个人工主体具有唯一的标号 i。设定循环周期总数为 T，则各个周期分别为 $t=1,2,\cdots,T$。单个周期内消费者个体购买产品 A 和产品 B 的效用分别为 M_{itA} 和 M_{itB}，产品的效用由其属性特征决定。一方面，某个人工主体依据一定的行为规则与其他人工主体进行交互；另一方面，人工主体将对消费经历进行记忆，形成消费习惯，并对后续的消费行为产生影响。试验中，个体消费者的决策过程如图 8.2 所示。

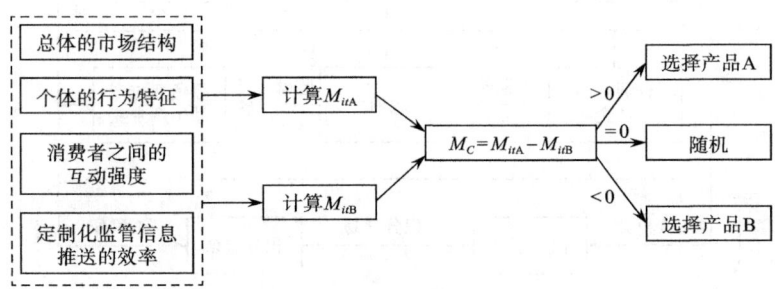

图 8.2　个体消费者决策过程示意图

本模型拟采用 Python 3.9.2 作为主要开发工具。在对个体消费者属性及行为规则抽象和提取的基础上，按照指定周期对不同行为特征与市场结构下人工主体的消费行为进行循环模拟，并将运行数据保存到数据库中。通过对历史运行数据进行分析，展示不同情境下个体消费者的绿色标志产品消费行为及消费者群体的宏观表现，可以对不同绿色标志产品消费激励方式及其组合适用的市场类型进行研究。

8.3.3　绿色积分交易模式下智慧监管与定量激励的协同机制

以我国目前在新能源汽车消费领域施行的"双积分"制度为基础，并参考借鉴个人碳交易方面的研究，笔者提出通过绿色积分交易来促进智慧监管模式与定量化激励联动的思路。依据构建的概念模型并结合 8.3.1 和 8.3.2 小节的研究内容，通过建模与仿真的方式推演在绿色消费积分模式下智慧监管与定量激励在促进消费者购买绿色标志产品及企业绿色生产方面的协同路径和预期效果。

如图 8.3 所示，该模式运行的思路是：对于绿色认证企业来说，每生产单位绿色标志产品将获得一定数量的绿色正积分，而普通产品生产企业生产单位产品将积累一定数量的负积分。原则上相同数量的正负积分可以互相抵消。绿色认证企业可以通过绿色生产来获得正积分并向普通产品生产企业销售来获得额外收入。

在动态层级监管体系下，政府对不同层级企业的奖惩措施都通过积分的方式进行，即假设绿色认证企业在检查中被发现不严格执行相关标准，除了可能面临层级下降以外，其累计的绿色积分也将被部分扣除，而执行情况较好的企业将获得额外的绿色积分奖励。

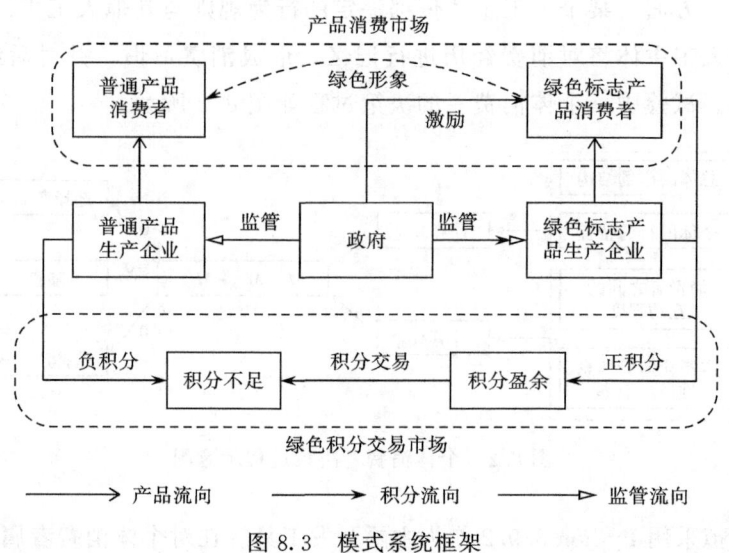

图 8.3　模式系统框架

对于消费者来说，购买绿色标志产品将获得政府一定数量的绿色正积分激励。消费者除了可以在社交媒体上和其他消费者进行互动，展示绿色积分情况、塑造绿色形象以外，还可以选择在绿色积分交易市场上出售积分来获得经济收益。在绿色积分交易模式下，市场化的运作机制减轻了政府补贴的财政压力，促进了监管与激励之间的协作。

在概念模型的基础上，笔者后续将应用系统动力学的方法对提出的绿色积分交易模型进行仿真分析，其中主模型将基于 Vensim PLE 8 平台构建。主模型包含三个子系统：供给端子系统、消费端子系统和交易端子系统。供给端子系统在 8.3.1 节中的动态层级监管模式基础上进行拓展，参照有关研究增加绿色认证企业和普通产品生产企业之间的作用关系。通过编写外接程序接口的方式，将 8.3.2 节中构建的计算试验模型集成到主模型中作为消费端子系统。交易端子系统同样采用 Python 3.9.2 开发，并使用 Mysql 数据库存储仿真模型运行产生的数据。

应用系统动力学对绿色积分交易模型进行仿真模拟，以在如下方面展开探索：①在资源有限的情境下，政府应如何在监管和激励之间进行平衡；②绿色认证企业智慧监管模式的运行效率对系统联动效应的影响；③消费者对于定量化激励方式的选择偏好，以及不同的市场类型将对政府的成本与收益产生怎样的影响；④绿色积分交易模式下，智慧监管模式与定量激励方式协同应用的优化路径。

8.4 研究展望

本章的总体目标是针对绿色标志认证发展中存在的瓶颈问题，从绿色认证企业监管和消费者购买行为激励两个维度提出相应的应对机制，相关的研究结论将为政府部门在企业绿色行为监管与绿色标志产品消费促进方面提供理论参考与政策建议。本章的具体研究目标包括：①结合智慧监管理论和"双随机、一公开"制度，提出针对绿色认证企业的智慧监管模式，并对其运行机制进行分析；②明晰消费者对于绿色标志产品消费定量化激励方式的选择偏好及各种激励方式的适用情境；③探索绿色标志认证发展促进中智慧监管模式与定量化激励方式之间的联动机制和优化路径。

依据拟定的研究目标，笔者将从监管机制、激励机制及协同应用机制三个层次探索如何促进绿色标志认证的发展。后续拟开展研究的技术路线如图8.4所示。

在后续研究中，拟采用的研究方法如下。

（1）文献分析

通过查阅政府部门和行业协会发布的关于"双随机、一公开""双积分"制度实际运行情况反馈报告，为概念模型的改进与完善提供参考。系统梳理绿色标志认证、消费者行为、市场监管及系统动力学等领域的相关文献，借鉴相关研究成果，优化理论架构、技术路线和变量选取等。

（2）基于博弈理论建模

通过分析参与主体不同的策略选择及参数水平变化下博弈均衡状态的演化趋势，建立动态层级监管模式下监管决策变量与外部变量之间作用关系的表达式。

（3）系统动力学仿真

从系统的角度分析绿色标志认证中参与主体间的结构关系。首先，提出系统的边界及主要组成部分。其次，依据所提出的概念模型设计参与主体之间的影响机制，给出影响机制的数学表达式和相关参数。最后，基于仿真软件平台构建系统动力学模型，并通过设置系统变量的方式对不同的政策情境及外部变量水平进行演绎。

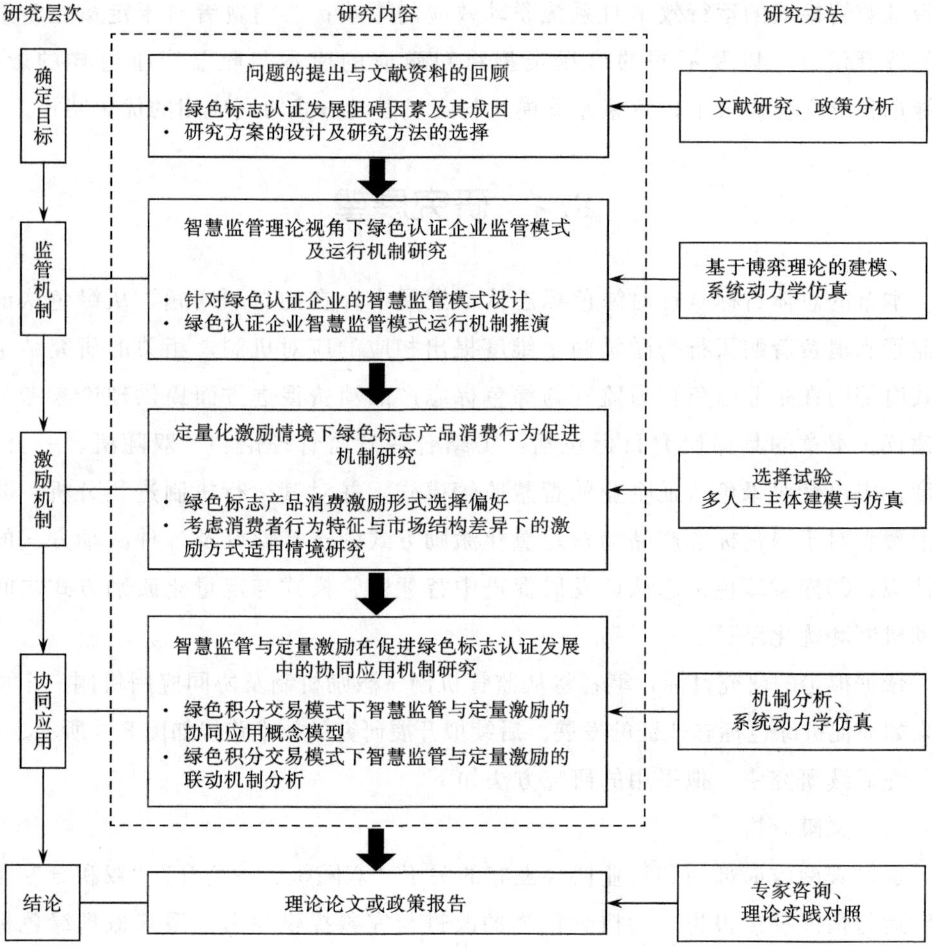

图 8.4 后续研究的技术路线

(4) 选择试验

作为一种陈述性的偏好预测方法，选择实验在很多研究中被用来预测公共政策的实施效果。在 8.3.2 节中，笔者提出从经济水平、人口规模及绿色消费发展现状等多方面综合考虑，选择有代表性的若干省份进行数据收集。然后，利用贝叶斯信息准则和特征组模型对收集到的数据进行分析，计算消费者在不同激励形式下的消费意愿。最后，应用表面不相关回归的方法，根据消费者的人口统计学因素、消费行为特点及对不同激励方式的偏好程度对消费者进行分类，并给出对不同特征消费者群体进行分类的概率参数准则。

(5) 多人工主体建模与仿真

考虑到消费者的行为特征及市场结构差异，将现实中复杂的有限理性消费者个体映射为具有唯一标识号的人工主体，构建具有交互功能的异质消费者人工主体。通过对经济补贴、绿色积分和定制化监管信息推送等激励方式进行模拟，应用计算试验的方法分析不同激励形式情境下个体消费者的绿色标志产品消费行为及消费者群体的宏观表现，对不同激励方式及其组合适用的市场类型进行分析。

"双随机、一公开"制度是中国在市场监管领域理念和方式的重大创新。自提出以来，该制度获得了广泛的社会影响力和公众知晓度，在改革试点中也积累了大量有益的经验。后续笔者将结合智慧监管理论提出针对绿色认证企业的动态层级监管模式，并对该模式的运行机制进行推演。

结合中国市场监管领域最新的管理实践及数字化技术发展的背景，笔者提出通过监管模式和激励机制的创新应用推动绿色标志认证发展的研究构想。后续的研究将有助于推动智慧监管理论和绿色消费理论在数字化环境下的拓展与融合，为促进绿色发展提供新的研究视角。

在后续的研究中，既需要对监管模式构建和运行机制设计等内容进行宏观的建模和分析，也需要对消费者的人口统计学因素、行为特征等对其绿色标志产品消费行为的影响从微观主体层面开展研究。后续研究将针对中国绿色标志认证发展中存在的问题从顶层宏观设计和个体行为促进两个方面着手进行解析。相关研究将有助于从理论上探索完善绿色标志认证的价值传导链条，构建绿色标志认证体系的持续发展机制。

附录A 绿色消费行为心理影响因素分析调查问卷

一、绿色认证体系和环境标志简要介绍

说明：绿色标志（环境标志）是由中华人民共和国生态环境部依据相关标准，向申请者颁发并印刷在产品和包装上的特定标志，用来向消费者证明该产品从研制、开发到生产、运输、销售、使用直到回收利用对生态环境和人类健康均无损害。目前市场上存在很多绿色认证标志，包括绿色食品标志、节水标志和中国能效标识等。中国环境标志是由中华人民共和国环境保护部于1993年发起设立的。如图A.1所示，中国环境标志是由青山、绿水、太阳和中间的十环组成的，寓意让公众一起参与进来，保护我们赖以生存的环境。

图A.1 中国环境标志

二、个人基本信息

您好！本问卷为了研究消费者心理因素对于其绿色消费行为的影响而设计。本次调查采用匿名的方式进行，收集到的信息仅用于科学研究，无对错之分。我们承诺将对收集到的个人信息和数据严格保密。谢谢您的支持和配合！

您的年龄是？［单选题］
○＜20　○21～30　○31～40　○41～60　○＞60

您的性别是？［单选题］
○男　○女

您的受教育程度是？
□初中及以下　□高中　□高职高专　□本科　□研究生及以上

三、调查内容

1. 在生活中我有多种途径购买到有绿色标志的食品和生活用品。[单选题]

○非常不同意　○2　○3　○4　○5　○6　○非常同意

2. 如果我想，生活中我可以轻易地购买到有绿色标志的食品和生活用品。[单选题]

○非常不同意　○2　○3　○4　○5　○6　○非常同意

3. 购买绿色标志产品完全由我决定。[单选题]

○非常不同意　○2　○3　○4　○5　○6　○非常同意

4. 周围很多对我来说重要的人都认同有绿色标志的食品和生活用品。[单选题]

○非常不同意　○2　○3　○4　○5　○6　○非常同意

5. 周围很多对我来说重要的人都想要我去购买有绿色标志的食品和生活用品。[单选题]

○非常不同意　○2　○3　○4　○5　○6　○非常同意

6. 周围很多对我来说重要的人都认为我应该购买绿色标志产品而不是一般产品。[单选题]

○非常不同意　○2　○3　○4　○5　○6　○非常同意

7. 我认为绿色认证体系是好的。[单选题]

○非常不同意　○2　○3　○4　○5　○6　○非常同意

8. 我喜欢有绿色标志的食品和生活用品。[单选题]

○非常不同意　○2　○3　○4　○5　○6　○非常同意

9. 我支持绿色认证体系的发展。[单选题]

○非常不同意　○2　○3　○4　○5　○6　○非常同意

10. 人类正在严重地破坏自然环境。[单选题]

○非常不同意　○2　○3　○4　○5　○6　○非常同意

11. 假如不采取任何措施，照以往的模式发展下去的话，我们将经历一场严重的生态灾难。[单选题]

○非常不同意　○2　○3　○4　○5　○6　○非常同意

12. 自然界的平衡是很脆弱并很容易被打破的。[单选题]

○非常不同意　○2　○3　○4　○5　○6　○非常同意

13. 地球上的各种资源是有限的。[单选题]

○非常不同意　○2　○3　○4　○5　○6　○非常同意

14. 我对自身的健康较为敏感。[单选题]
○非常不同意　○2　○3　○4　○5　○6　○非常同意

15. 我倾向于选择对于健康有益的产品。[单选题]
○非常不同意　○2　○3　○4　○5　○6　○非常同意

16. 我相信我吃的食物会对我的健康造成直接影响。[单选题]
○非常不同意　○2　○3　○4　○5　○6　○非常同意

17. 我会在近期购买绿色标志食品和生活用品。[单选题]
○非常不可能　○2　○3　○4　○5　○6　○非常可能

18. 我会推荐我的朋友和亲人购买有绿色标志的食品和生活用品。[单选题]
○非常不可能　○2　○3　○4　○5　○6　○非常可能

19. 您在近期购买绿色标志食品和生活用品的概率有多大？[单选题]
不会购买　○1　○2　○3　○4　○5　○6　○7 一定会购买

本问卷到此结束，再次感谢您的支持！

附录 B 不同条件下局部均衡点状态分析

当 $l=c_3$ 且 $q(f_1+g+s)>c_4$，五个局部均衡点 $A\sim E$ 的状态见表 B.1。

表 B.1 局部均衡点状态分析（一）

局部均衡点	det$J$	tr$J$	状态
$A(0,0)$	−	不确定	鞍点
$B(0,1)$	0	+	不稳定点
$C(1,0)$	−	不确定	鞍点
$D(1,1)$	0		一般点
$E(x^*,y^*)$	+	0	中性点

当 $l=c_3$ 且 $q(f_1+g+s)<c_4$，五个局部均衡点 $A\sim E$ 的状态见表 B.2。

表 B.2 局部均衡点状态分析（二）

局部均衡点	det$J$	tr$J$	状态
$A(0,0)$	−	不确定	鞍点
$B(0,1)$	0	+	不稳定点
$C(1,0)$	+	−	演化均衡状态（ESS）
$D(1,1)$	0	+	不稳定点
$E(x^*,y^*)$	+	0	中性点

当 $l=c_3-q(f_1+w)$ 且 $q(f_1+g+s)>c_4$，五个局部均衡点 $A\sim E$ 的状态见表 B.3。

表 B.3 局部均衡点状态分析（三）

局部均衡点	det$J$	tr$J$	状态
$A(0,0)$	0	−	一般点
$B(0,1)$	−	不确定	鞍点
$C(1,0)$	0	+	不稳定

续表

局部均衡点	det$J$	tr$J$	状态
$D(1,1)$	$-$	不确定	鞍点
$E(x^*,y^*)$	$+$	0	中性点

当 $l=c_3-q(f_1+w)$ 且 $q(f_1+g+s)<c_4$，五个局部均衡点 $A\sim E$ 的状态见表 B.4。

表 B.4 局部均衡点状态分析（四）

局部均衡点	det$J$	tr$J$	状态
$A(0,0)$	0	$-$	一般点
$B(0,1)$	$-$	不确定	鞍点
$C(1,0)$	0	$-$	一般点
$D(1,1)$	$+$	$+$	不稳定点
$E(x^*,y^*)$	$+$	0	中性点

当 $0<l<c_3-q(f_1+w)$ 且 $q(f_1+g+s)=c_4$，五个局部均衡点 $A\sim E$ 的状态见表 B.5。

表 B.5 局部均衡点状态分析（五）

局部均衡点	det$J$	tr$J$	状态
$A(0,0)$	$+$	$-$	演化均衡状态（ESS）
$B(0,1)$	$-$	不确定	鞍点
$C(1,0)$	0	$+$	不稳定
$D(1,1)$	0	$+$	不稳定
$E(x^*,y^*)$	$+$	0	中性点

当 $c_3-q(f_1+w)<l<c_3$ 且 $q(f_1+g+s)=c_4$，五个局部均衡点 $A\sim E$ 的状态见表 B.6。

表 B.6 局部均衡点状态分析（六）

局部均衡点	det$J$	tr$J$	状态
$A(0,0)$	$-$	不确定	鞍点
$B(0,1)$	$-$	不确定	鞍点
$C(1,0)$	0	$-$	一般点

续表

局部均衡点	$\det J$	$\mathrm{tr} J$	状态
$D(1,1)$	0	+	不稳定点
$E(x^*, y^*)$	+	0	中性点

当 $l > c_3$ 且 $q(f_1+g+s) = c_4$ 时,五个局部均衡点 $A \sim E$ 的状态见表 B.7。

表 B.7 局部均衡点状态分析(七)

局部均衡点	$\det J$	$\mathrm{tr} J$	状态
$A(0,0)$	−	不确定	鞍点
$B(0,1)$	+	+	不稳定点
$C(1,0)$	0	−	一般点
$D(1,1)$	0	−	一般点
$E(x^*, y^*)$	+	0	中性点

当 $l = c_3 - q(f_1+w)$ 且 $q(f_1+g+s) = c_4$,五个局部均衡点 $A \sim E$ 的状态见表 B.8。

表 B.8 局部均衡点状态分析(八)

局部均衡点	$\det J$	$\mathrm{tr} J$	状态
$A(0,0)$	0	−	一般点
$B(0,1)$	−	不确定	鞍点
$C(1,0)$	0	0	一般点
$D(1,1)$	0	+	一般点
$E(x^*, y^*)$	+	0	中性点

当 $l = c_3$ 且 $q(f_1+g+s) = c_4$,五个局部均衡点 $A \sim E$ 的状态见表 B.9。

表 B.9 局部均衡点状态分析(九)

局部均衡点	$\det J$	$\mathrm{tr} J$	状态
$A(0,0)$	−	不确定	鞍点
$B(0,1)$	0	+	不稳定点
$C(1,0)$	0	0	一般点
$D(1,1)$	0	0	一般点
$E(x^*, y^*)$	+	0	中性点

参考文献

[1] 许宪春,任雪,常子豪. 大数据与绿色发展[J]. 中国工业经济,2019(4):5-22.

[2] CHAN C K, YAO X. Air pollution in mega cities in China[J]. Atmospheric Environment, 2008, 42(1):1-42.

[3] SCHWARZENBACH R P, EGLI T, HOFSTETTER T B, et al. Global water pollution and human health[J]. Annual Review of Environment and Resources, 2010(35):109-36.

[4] DURUIBE J O, OGWUEGBU M, EGWURUGWU J. Heavy metal pollution and human biotoxic effects[J]. International Journal of Physical Sciences, 2007, 2(5):112-118.

[5] CONNOLLY J, PROTHERO A. Green consumption: life-politics, risk and contradictions[J]. Journal of Consumer Culture, 2008, 8(1):117-145.

[6] PAGIASLIS A, KRONTALIS A K. Green consumption behavior antecedents: environmental concern, knowledge, and beliefs[J]. Psychology & Marketing, 2014, 31(5):335-348.

[7] PEATTIE K. Towards sustainability: the third age of green marketing[J]. The Marketing Review, 2001, 2(2):129-146.

[8] GILG A, BARR S, FORD N. Green consumption or sustainable lifestyles? Identifying the sustainable consumer[J]. Futures, 2005, 37(6):481-504.

[9] WEI Y M, LIU L C, FAN Y, et al. The impact of lifestyle on energy use and CO_2 emission: an empirical analysis of China's residents[J]. Energy Policy, 2007, 35(1):247-257.

[10] MAHMOUDI R, RASTI-BARZOKI M. Sustainable supply chains under government intervention with a real-world case study: an evolutionary game theoretic approach[J]. Computers & Industrial Engineering, 2018(116):130-143.

[11] LEVIN G. Consumers turning green: JWT survey[J]. Advertising Age, 1990, 61(47):74.

[12] 邓新明. 消费者为何喜欢"说一套,做一套"——消费者伦理购买"意向-行为"差距的影响因素[J]. 心理学报,2014,46(7):1014-1031.

[13] 王可心. 互联网时代,从"蚂蚁森林"看环境保护[J]. 通讯世界,2019,26(3):270-271.

[14] GUZMAN L, CLAPP A. Applying personal carbon trading: a proposed "Carbon, health and savings system" for British, Columbia, Canada[J]. Climate Policy, 2017, 17(5):616-633.

[15] LOCKWOOD M. The economics of personal carbon trading[J]. Climate Policy, 2010, 10(4):447-461.

[16] ANDERL E, SCHUMANN J H, KUNZ W. Helping firms reduce complexity in multichannel online data: a new taxonomy-based approach for customer journeys [J]. Journal of Retailing, 2016, 92 (2): 185 – 203.

[17] NGHIEM T, CARRASCO L. Mobile applications to link sustainable consumption with impacts on the environment and biodiversity [J]. Bio Science, 2016, 66 (5): 384 – 392.

[18] BARBOZA M N L, FILHO E J M A. Green consumption values in mobile apps [J]. Journal of International Consumer Marketing, 2019, 31 (1): 66 – 83.

[19] 孙岩，江凌. 居民能源消费行为研究评述 [J]. 资源科学，2013, 35 (4): 697 – 703.

[20] 黄苏萍，潘阳，陈立平. 低碳消费行为研究述评 [J]. 学海，2016 (3): 174 – 182.

[21] KIKUCHI-UEHARA E, NAKATANI J, HIRAO M. Analysis of factors influencing consumers' proenvironmental behavior based on life cycle thinking. Part I: effect of environmental awareness and trust in environmental information on product choice [J]. Journal of Cleaner Production, 2016 (117): 10 – 18.

[22] JOHE M H, BHULLAR N. To buy or not to buy: the roles of self-identity, attitudes, perceived behavioral control and norms in organic consumerism [J]. Ecological Economics, 2016 (128): 99 – 105.

[23] HANSEN T, SøRENSEN M I, ERIKSEN M-L R. How the interplay between consumer motivations and values influences organic food identity and behavior [J]. Food Policy, 2018 (74): 39 – 52.

[24] SILLANI S, NASSIVERA F. Consumer behavior in choice of minimally processed vegetables and implications for marketing strategies [J]. Trends in Food Science Technology, 2015, 46 (2): 339 – 345.

[25] AMJAD N, WOOD A M. Identifying and changing the normative beliefs about aggression which lead young muslim adults to join extremist anti-semitic groups in Pakistan [J]. Aggressive Behavior, 2009, 35 (6): 514 – 519.

[26] GIAMPIETRI E, VERNEAU F, DEL GIUDICE T, et al. A theory of planned behaviour perspective for investigating the role of trust in consumer purchasing decision related to short food supply chains [J]. Food Quality and Preference, 2018 (64): 160 – 166.

[27] RICCI E C, BANTERLE A, STRANIERI S. Trust to go green: an exploration of consumer intentions for eco-friendly convenience food [J]. Ecological Economics, 2018 (148): 54 – 65.

[28] LIU Y, HONG Z, ZHU J, et al. Promoting green residential buildings: residents' environmental attitude, subjective knowledge, and social trust matter [J]. Energy Policy, 2018 (112): 152 – 161.

[29] DE MAGISTRIS T, GRACIA A. The decision to buy organic food products in southern Italy [J]. British Food Journal, 2008, 110 (9): 929 – 947.

[30] DAUGBJERG C, SMED S, ANDERSEN L M, et al. Improving eco-labelling as an environmental policy instrument: knowledge, trust and organic consumption [J]. Journal of Environmental Policy Planning, 2014, 16 (4): 559 – 575.

[31] SCHUMACHER I. Ecolabeling, consumers' preferences and taxation [J]. Ecological Economics, 2010, 69 (11): 2202-2212.

[32] D'SOUZA C, TAGHIAN M, LAMB P, et al. Green products and corporate strategy: an empirical investigation [J]. Society and Business Review, 2006, 1 (2): 144-157.

[33] JIN J, ZHUANF J, ZHAO Q. Supervision after certification: an evolutionary game analysis for Chinese environmental labeled enterprises [J]. Sustainability, 2018, 10 (5): 1494.

[34] CORNELISSEN G, PANDELAERE M, WARLOP L, et al. Positive cueing: promoting sustainable consumer behavior by cueing common environmental behaviors as environmental [J]. International Journal of Research in Marketing, 2008, 25 (1): 46-55.

[35] BLEDA M, VALENTE M. Graded eco-labels: a demand-oriented approach to reduce pollution [J]. Technological Forecasting and Social Change, 2009, 76 (4): 512-524.

[36] ZHAO Q, JIN J, DENG X, et al. Considering environmental implications of distribution channel choices: a comparative study based on game theory [J]. Journal of Cleaner Production, 2017 (167): 1155-1164.

[37] OLSON, ERIK L. It's not easy being green: the effects of attribute tradeoffs on green; product preference and choice [J]. Journal of the Academy of Marketing Science, 2013, 41 (2): 171-184.

[38] LYON T P, MONTGOMERY A W. The means and end of greenwash [J]. Organization & Environment, 2015, 28 (2): 223-249.

[39] JIN J, ZHUANG J, ZHAO Q. Supervision after certification: an evolutionary game analysis for Chinese Environmental Labeled Enterprises [J]. Sustainability, 2018, 10 (5): 1494.

[40] ELKINGTON J, HAILES J. The green consumer guide: from shampoo to champagne: high-street shopping for a better environment [M]. London: V. Gollancz, 1988.

[41] 吴波. 绿色消费研究评述 [J]. 经济管理, 2014 (11): 178-189.

[42] CARLSON L, GROVE S J, KANGUN N. A content analysis of environmental advertising claims: a matrix method approach [J]. Journal of Advertising, 1993, 22 (3): 27-39.

[43] SOLOMON M R, WHITE K, DAHL D W, et al. Consumer behavior: buying, having, and being [M]. Boston: Pearson, 2017.

[44] TADAJEWSKI M. The history of marketing thought [J]. Journal of Historical Research in Marketing, 2008, 1 (2): 318-329.

[45] FOLKES V S. Recent attribution research in consumer behavior: a review and new directions [J]. Journal of Consumer Research, 1988, 14 (4): 548-565.

[46] HOWARD J A. Consumer behavior: application of theory [M]. Sydney: McGraw-Hill, 1977.

[47] SIRGY M J. Self-concept in consumer behavior: a critical review [J]. Journal of Consumer Research, 1982, 9 (3): 287-300.

[48] AJZEN I. From intentions to actions: a theory of planned behavior: in action control: from cognition to behavior [M]. Berlin: Springer, 1985: 11-39.

[49] WANG X, BENDLE N T, MAI F, et al. The Journal of Consumer Research at 40: a historical analysis [J]. Journal of Consumer Research, 2015, 42 (1): 5-18.

[50] ANDERSON L, OZANNE J, HUDSON L. Alternative in consumer ways of seeking knowledge [J]. Journal of Consumer Research, 2014, 14 (4): 508-521.

[51] DE MOOIJ M. Consumer behavior and culture: consequences for global marketing and advertising [M]. Thousand Oaks: Sage, 2004.

[52] KANNAN P K, KOPALLE P K. Dynamic pricing on the internet: importance and implications for consumer behavior [J]. International Journal of Electronic Commerce, 2001, 5 (3): 63-83.

[53] EDELMAN D C. Branding in the digital age [J]. Harvard Business Review, 2010, 88 (12): 62-69.

[54] TIAGO M T P M B, VERISSIMO J M C. Digital marketing and social media: why bother? [J]. Business Horizons, 2014, 57 (6): 703-708.

[55] JäRVINEN J, KARJALUOTO H. The use of web analytics for digital marketing performance measurement [J]. Industrial Marketing Management, 2015 (50): 117-127.

[56] FULLERTON R A. The birth of consumer behavior: motivation research in the 1940s and 1950s [J]. Journal of Historical Research in Marketing, 2013, 5 (2): 212-222.

[57] MCDANIEL S W, RYLANDER D H. Strategic green marketing [J]. Journal of Consumer Marketing, 1993, 10 (3): 4-10.

[58] 戴春山. 我国绿色营销实施过程中的博弈分析与对策研究 [J]. 商业研究, 2006 (23): 65-72.

[59] 李名梁. 我国绿色营销研究: 述评及展望 [J]. 云南财经大学学报, 2010, 26 (1): 125-131.

[60] POLONSKY M J. A stakeholder theory approach to designing environmental marketing strategy [J]. Journal of Business & Industrial Marketing, 1995, 10 (3): 29-46.

[61] 万后芬. 绿色产业的发展与传统产业的绿化 [J]. 中南财经政法大学学报, 2002 (6): 16-21.

[62] 徐大佑, 韩德昌. 绿色营销理论研究述评 [J]. 中国流通经济, 2007, 21 (4): 49-52.

[63] CRONIN J J, SMITH J S, GLEIM M R, et al. Green marketing strategies: an examination of stakeholders and the opportunities they present [J]. Journal of the Academy of Marketing Science, 2011, 39 (1): 158-174.

[64] 何志毅, 于泳. 绿色营销发展现状及国内绿色营销的发展途径 [J]. 北京大学学报 (哲学社会科学版), 2004, 41 (6): 85-93.

[65] LEE K. Opportunities for green marketing: young consumers [J]. Marketing Intelligence Planning, 2008, 26 (6): 573-586.

[66] PAPADOPOULOS I, KARAGOUNI G, TRIGKAS M, et al. Green marketing: the case of greece in certified and sustainably managed timber products [J]. Euro Med Journal of Business, 2010, 5 (2): 166-190.

[67] POLONSKY M J, ROSENBERGER P III. Reevaluating green marketing: a strategic approach [J]. Business Horizons, 2001, 44 (5): 21-30.

[68] GINSBERG J M, BLOOM P N. Choosing the right green marketing strategy [J]. MIT

Sloan Management Review, 2004, 46 (1): 79 - 84.

[69] DENG D, HUANG Q. On the leading role of government based on the externality of green marketing [C]. Proceedings of the 2009 International Conference on Public Economics and Management, 2009: 110 - 115.

[70] SAXENA R P, KHANDELWAL P K. Greening of industries for sustainable growth: an exploratory study on durable, non-durable and services industries [J]. International Journal of Social Economics, 2012, 39 (7 - 8): 551 - 586.

[71] RAHBAR E, ABDUL WAHID N. Investigation of green marketing tools' effect on consumers' purchase behavior [J]. Business Strategy Series, 2011, 12 (2): 73 - 83.

[72] 王成昌, 吕永红. 绿色营销政府规制研究 [J]. 科技管理研究, 2005, 25 (7): 10 - 12.

[73] 肖创林. 企业绿色营销创新的实现途径 [J]. 经营与管理, 2008 (4): 24 - 26.

[74] 杨帅. 我国绿色营销发展的研究 [J]. 新经济, 2016 (14): 37 - 38.

[75] MATTHEWS H S, WILLIAMS E, TAGAMI T, et al. Energy implications of online book retailing in the United States and Japan [J]. Environmental Impact Assessment Review, 2002, 22 (5): 493 - 507.

[76] CARRILLO J E, VAKHARIA A J, WANG R. Environmental implications for online retailing [J]. European Journal of Operational Research, 2014, 239 (3): 744 - 755.

[77] DUMRONGSIRI A, FAN M, JAIN A, et al. A supply chain model with direct and retail channels [J]. European Journal of Operational Research, 2008, 187 (3): 691 - 718.

[78] GIRI B C, MAITI T. Trade credit competition between two retailers in a supply chain under credit-linked retail price and market demand [J]. Optimization Letters, 2014, 8 (7): 2065 - 2085.

[79] XU H, LIU Z Z, ZHANG S H. A strategic analysis of dual-channel supply chain design with price and delivery lead time considerations [J]. International Journal of Production Economics, 2012, 139 (2): 654 - 663.

[80] CHIANG W-Y K, CHHAJED D, HESS J D. Direct marketing, indirect profits: a strategic analysis of dual-channel supply-chain design [J]. Management Science, 2003, 49 (1): 1 - 20.

[81] WEBER C L, KOOMEY J G, MATTHEWS H S. The energy and climate change implications of different music delivery methods [J]. Journal of Industrial Ecology, 2010, 14 (5): 754 - 769.

[82] WIESE A, TOPOROWSKI W, ZIELKE S. Transport-Related CO_2 effects of online and brick-and-mortar shopping: a comparison and sensitivity analysis of clothing retailing [J]. Transportation Research Part D: Transport Environmental Economics, 2012, 17 (6): 473 - 477.

[83] VAN LOON P, DEKETELE L, DEWAELE J, et al. A comparative analysis of carbon emissions from online retailing of fast moving consumer goods [J]. Journal of Cleaner Production, 2015 (106): 478 - 486.

[84] PANDEY S, CHAWLA D. E-lifestyles of Indian online shoppers: a scale validation [J]

Journal of Retailing and Consumer Services, 2014, 21 (6): 1068-1074.

[85] SHRUM L, LOWREY T M, MCCARTY J A. Recycling as a marketing problem: a framework for strategy development [J]. Psychology Marketing, 1994, 11 (4): 393-416.

[86] LEE H J, PARK S-Y. Environmental orientation in going green: a qualitative approach to consumer psychology and sociocultural factors of green consumption [J]. Journal of Global Scholars of Marketing Science, 2013, 23 (3): 245-262.

[87] VERPLANKEN B, HOLLAND R W. Motivated decision making: effects of activation and self-centrality of values on choices and behavior [J]. Journal of Personality Social Psychology, 2002, 82 (3): 434.

[88] LUCHS M G, NAYLOR R W, IRWIN J R, et al. The sustainability liability: potential negative effects of ethicality on product preference [J]. Journal of Marketing, 2010, 74 (5): 18-31.

[89] PELOZA J, WHITE K, SHANG J. Good and guilt-free: the role of self-accountability in influencing preferences for products with ethical attributes [J]. Journal of Marketing, 2013, 77 (1): 104-119.

[90] 周培勤. 透视"炫耀性绿色消费" [J]. 环境保护, 2012 (11): 20-23.

[91] SCHULTZ P W, NOLAN J M, CIALDINI R B, et al. The constructive, destructive, and reconstructive power of social norms [J]. Psychological Science, 2007, 18 (5): 429-434.

[92] GRINSTEIN A, NISAN U. Demarketing, minorities, and national attachment [J]. Journal of Marketing, 2009, 73 (2): 105-122.

[93] 高倩, 王远, 贺晟晨, 等. 绿色消费研究进展及政策分析 [J]. 生态经济, 2008 (10): 57-59.

[94] 於素兰, 孙育红. 德国日本的绿色消费: 理念与实践 [J]. 学术界, 2016 (3): 221-230.

[95] 汤蕴懿. 国外汽车绿色税收政策的实践和启示 [J]. 上海经济, 2012 (8): 36-40.

[96] BARANZINI A, CARATTINI S, STUDIES P. Effectiveness, earmarking and labeling: testing the acceptability of carbon taxes with survey data [J]. Environmental Economics, 2017, 19 (1): 197-227.

[97] NYBORG K, HOWARTH R B, BREKKE K A. Green consumers and public policy: on socially contingent moral motivation [J]. Resource Energy Economics, 2006, 28 (4): 351-366.

[98] 马维晨, 邓徐. 我国绿色消费的政策措施研究 [J]. 环境保护, 2017, 45 (6): 56-59.

[99] 傅京燕, 章扬帆, 乔峰. 以政府绿色采购引领绿色供应链的发展 [J]. 环境保护, 2017, 45 (6): 42-46.

[100] 王京歌, 邹雄. 政府绿色采购制度研究 [J]. 郑州大学学报, 2017 (6): 7.

[101] 崔文婷. 绿色消费动力机制模型研究 [D]. 天津: 天津大学, 2010.

[102] AKENJI L. Consumer scapegoatism and limits to green consumerism [J]. Journal of Cleaner Production, 2014 (63): 13-23.

[103] EGBON O. After greenwashing: symbolic corporate environmentalism and society [J]. Social Environmental Accountability Journal, 2017, 37 (1): 73-74.

[104] WUEPPER D, HEISSENHUBER A, SAUER J. Investigating rice farmers' preferences for an agri-environmental scheme: is an eco-label a substitute for payments? [J]. Land Use Policy, 2017 (64): 374-382.

[105] LAUFER W S. Social accountability and corporate greenwashing [J]. Journal of Business Ethics, 2003, 43 (3): 253-261.

[106] 杨波. 环境承诺为什么演变为漂绿: 基于企业绿色过程模型的解释 [J]. 管理现代化, 2012 (4): 37-41.

[107] LYON T P, MONTGOMERY A W. Tweetjacked: the impact of social media on corporate greenwash [J]. Journal of Business Ethics, 2013, 118 (4): 747-757.

[108] 仇立. 我国城市居民绿色消费行为影响因素研究 [J]. 商业经济研究, 2015 (10): 23-25.

[109] NAIR S R, LITTLE V J. Context, culture and green consumption: a new framework [J]. Journal of International Consumer Marketing, 2016, 28 (3): 169-184.

[110] ETIM F. Environmental philosophy for sustainable development [J]. International Journal of Asian Social Science, 2012, 2 (4): 479-487.

[111] GADENNE D, SHARMA B, KERR D, et al. The influence of consumers' environmental beliefs and attitudes on energy saving behaviours [J]. Energy Policy, 2011, 39 (12): 7684-7694.

[112] 王建国, 杜伟强. 基于行为推理理论的绿色消费行为实证研究 [J]. 大连理工大学学报 (社会科学版), 2016, 37 (2): 13-18.

[113] ZHAO H-H, GAO Q, WU Y-P, et al. What affects green consumer behavior in China? A case study from Qingdao [J]. Journal of Cleaner Production, 2014 (63): 143-151.

[114] EHRICH K R, IRWIN J R. Willful ignorance in the request for product attribute information [J]. Journal of Marketing Research, 2005, 42 (3): 266-277.

[115] 王财玉. 消费者态度满意与行为忠诚关系的一致与分离 [J]. 心理科学进展, 2012, 20 (10): 1690-1699.

[116] MCDONALD S, OATES C, THYNE M, et al. Comparing sustainable consumption patterns across product sectors [J]. International Journal of Consumer Studies, 2009, 33 (2): 137-145.

[117] DAVIES I A, LEE Z, AHONKHAI I. Do consumers care about ethical-luxury? [J]. Journal of Business Ethics, 2012, 106 (1): 37-51.

[118] 李大元, 贾晓琳, 辛琳娜. 企业漂绿行为研究述评与展望 [J]. 外国经济与管理, 2015 (12): 86-96.

[119] 李华敏, 崔瑜琴. 基于情境理论的消费者行为影响因素研究 [J]. 商业研究, 2010 (3): 163-166.

[120] LIU Q, YAN Z, ZHOU J. Consumer choices and motives for eco-labeled products in China: an empirical analysis based on the choice experiment [J]. Sustainability, 2017, 9 (3): 331.

[121] IBANEZ L, GROLLEAU G, ECONOMICS R. Can ecolabeling schemes preserve the environment? [J]. Environmental Resource Economics, 2008, 40 (2): 233-249.

[122] KUMAR P, POLONSKY M J. An analysis of the green consumer domain within sustainability research: 1975 to 2014 [J]. Australasian Marketing Journal, 2017, 25 (2): 85-96.

[123] TAUFIQUE K M R, VAITHIANATHAN S A. Fresh look at understanding green consumer behavior among young urban Indian consumers through the lens of theory of planned behavior [J]. Journal of Cleaner Production, 2018 (183): 46-55.

[124] DE MEDEIROS J F, RIBEIRO J L D. Environmentally sustainable innovation: expected attributes in the purchase of green products [J]. Journal of Cleaner Production, 2017 (142): 240-248.

[125] 刘志峰,许永华,刘学平,等. 绿色产品评价方法研究 [J]. 中国机械工程, 2000, 11 (9): 968-971.

[126] 刘志峰,夏链,关胜晓,等. 绿色产品与绿色标志 [J]. 合肥工业大学学报(自然科学版), 1999 (1): 25-28.

[127] YENIPAZARLI A. The economics of rco-labeling: standards, costs and prices [J]. International Journal of Production Economics, 2015 (170): 275-286.

[128] CHEKIMA B, WAFA S A W S K, IGAU O A, et al. Examining green consumerism motivational drivers: does premium price and demographics matter to green purchasing? [J]. Journal of Cleaner Production, 2016 (112): 3436-3450.

[129] GLEIM M R, SMITH J S, ANDREWS D, et al. Against the green: a multi-method examination of the barriers to green consumption [J]. Journal of Retailing, 2013, 89 (1): 44-61.

[130] CONNER M, ARMITAGE C J. Extending the theory of planned behavior: a review and avenues for further research [J]. Journal of Applied Social Psychology, 1998, 28 (15): 1429-1464.

[131] JONES S C. Parental provision of alcohol: a TPB-framed review of the literature [J]. Health Promotion International, 2015, 31 (3): 562-571.

[132] DUNLAP R E, VAN LIERE K D, MERTIG A G, et al. New trends in measuring environmental attitudes: measuring endorsement of the new ecological paradigm: a revised nep scale [J]. Journal of Social Issues, 2000, 56 (3): 425-442.

[133] CORNES R, SANDLER T. The theory of externalities, public goods, and club goods [M]. Cambridge: Cambridge University Press, 1996.

[134] DARKO A, ZHANG C, CHAN A P J H I. Drivers for green building: a review of empirical studies [J]. Habitat International, 2017 (60): 34-49.

[135] DAVIS F D. Perceived usefulness, perceived ease of use, and user acceptance of information technology [J]. MIS Quarterly, 1989, 13 (3): 319-340.

[136] SQUIRES L, JURIC B, BETTINA CORNWELL T. Level of market development and intensity of organic food consumption: cross-cultural study of danish and New Zealand consumers [J]. Journal of Consumer Marketing, 2001, 18 (5): 392-409.

[137] MICHAELIDOU N, HASSAN L M. The role of health consciousness, food safety concern and ethical identity on attitudes and intentions towards organic food [J].

International Journal of Consumer Studies, 2008, 32 (2): 163-170.
[138] BABBIE E R. Survey research methods [J]. Medical Education, 1998, 32 (6): 636-652.
[139] NUNNALLY J C. Psychometric theory [J]. American Educational Research Journal, 1978, 5 (3): 83.
[140] TABACHNICK B G, FIDELL L S. Using multivariate statistics [M]. New York: Pearson Education, Inc./Allyn&Bacon, 2007.
[141] FORNELL C, LARCKER D F. Evaluating structural equation models with unobservable variables and measurement error [J]. Journal of Marketing Research, 1981, 18 (3): 375-387.
[142] QUESTER P, NEAL C, PETTIGREW S, et al. Consumer behaviour: implications for marketing strategy [M]. Sydney: McGraw-Hill, 2007.
[143] LIN C L, LEE S H, HORNG D J. The effects of online reviews on purchasing intention: the moderating role of need for cognition [J]. Social Behavior & Personality An International Journal, 2011, 39 (1): 71-81.
[144] AJZEN I. The theory of planned behavior [J]. Organizational Behavior & Human Decision Processes, 1991, 50 (2): 179-211.
[145] EAGLY A H, CHAIKEN S. The psychology of attitudes [M]. New York: Harcourt Brace Jovanovich College Publishers, 1993.
[146] STERN P C, DIETZ T, ABEL T, et al. A value-belief-norm theory of support for social movements: the case of environmentalism [J]. Human Ecology Review, 1999, 6 (2): 81-97.
[147] TAJFEL H, TURNER J C. The social identity theory of intergroup behavior [J]. Psychology of Intergroup Relations, 1986, 13 (3): 7-24.
[148] FOWLES D C. A motivational theory of psychopathology [C]. Nebraska Symposium on Motivation, 1994: 181-238.
[149] MILNE S, SHEERAN P, ORBELL S. Prediction and intervention in healthy-related behavior: a meta-analytic review of protection motivation theory [J]. Journal of Applied Social Psychology, 2000, 30 (1): 106-143.
[150] RYAN R M, PATRICK H, DECI E L, et al. Facilitating health behaviour change and its maintenance: interventions based on self-determination theory [J]. European Health Psychologist, 2008, 10 (1): 2-5.
[151] WATSON T J. Motivation: that's Maslow, isn't it? [J]. Management Learning, 1996, 27 (4): 447-464.
[152] GUAGNANO G A, STERN P C, DIETZ T. Influences on attitude-behavior relationships: a natural experiment with curbside recycling [J]. Environment and Behavior, 1995, 27 (5): 699-718.
[153] DAVIS F D, BAGOZZI R P, WARSHAW P R. User acceptance of computer technology: a comparison of two theoretical models [J]. Management Science, 1989, 35 (8): 982-1003.
[154] ZEITHAML V A. Consumer perceptions of price, quality, and value: a means-end

model and synthesis of evidence [J]. Journal of Marketing, 1988, 52 (3): 2-22.

[155] LO L YS, LIN SW, HSU LY. Motivation for online impulse buying: a two-factor theory perspective[J]. International Journal of Information Management, 2016, 36(5): 759-772.

[156] ZHANG D, ZHU P, YE Y. The effects of e-commerce on the demand for commercial real estate [M]. Cities, 2016 (51): 106-120.

[157] MOKHTARIAN P LA. Conceptual analysis of the transportation impacts of B2C e-commerce [J]. Transportation, 2004, 31 (3): 257-284.

[158] CAIRNS S. Delivering supermarket shopping: more or less traffic? [J]. Transport Reviews, 2005, 25 (1): 51-84.

[159] CHEN K, KAYA M, OZER O. Dual channel management with service competition [J]. Manufacturing & Service Operations Management, 2008, 10 (4): 674-685.

[160] SCOTT M H, HENDRICKSON C T, SOH D L. Environmental and economic effects of e-commerce: a case study of book publishing and retail logistics [J]. Transportation Research Record, 2001, 1763 (1): 6-12.

[161] WANG X, CHOI S. Impacts of carbon emission reduction mechanisms on uncertain make-to-order manufacturing [J]. International Journal of Production Research, 2016, 54 (11): 3311-3328.

[162] LEE Y-P, DYE C-Y. An inventory model for deteriorating items under stock-dependent demand and controllable deterioration rate [J]. Computers & Industrial Engineering, 2012, 63 (2): 474-482.

[163] DIABAT A, SIMCHI-LEVI D. A carbon-capped supply chain network problem [C]. 2009 IEEE International Conference on Industrial Engineering and Engineering Management, 2009: 523-527.

[164] TSAY A A, AGRAWAL N. Channel conflict and coordination in the e-commerce age [J]. Production and Operations Management, 2004, 13 (1): 93-110.

[165] HENDERSHOTT T, ZHANG J A. Model of direct and intermediated sales [J]. Journal of Economics & Management Strategy, 2006, 15 (2): 279-316.

[166] ABAD P L, JAGGI C. A joint approach for setting unit price and the length of the credit period for a seller when end demand is price sensitive [J]. International Journal of Production Economics, 2003, 83 (2): 115-122.

[167] YU Y, HUANG G Q, LIANG L. Stackelberg game-theoretic model for optimizing advertising, pricing and Inventory policies in vendor managed inventory (VMI) production supply chains [J]. Computers & Industrial Engineering, 2009, 57 (1): 368-382.

[168] BASER T, OLSDER G J. Dynamic non-cooperative game theory [M]. Philadelphia: Siam, 1999.

[169] BATABYAL A A, BELADI H. A game model of new and remanufactured goods, brown and green consumers, and market share dominance [J]. Journal of Quantitative Economics, 2016, 14 (2): 345-354.

[170] CHRISTY R, OLIVER G, PENN J. Relationship marketing in consumer markets [J].

Journal of Marketing Management, 1996, 12 (1-3): 175-187.

[171] JIN J, ZHAO Q, SANTIBANEZ-GONZALEZ E D. How Chinese consumers' intentions for purchasing eco-labeled products are influenced by psychological factors [J]. International Journal of Environmental Research and Public Health, 2020, 17 (1): 265.

[172] GUNNINGHAM N, PN G. Smart Regulation: Designing Environmental Policy [M]. New York: Oxford University Press, 1998.

[173] 张毅, 王宇华, 王启飞. "互联网+" 环境下的智慧监管模式 [J]. 上海行政学院学报, 2020, 21 (2): 18-27.

[174] CASON T N, GANGADHARAN L. Environmental Labeling and Incomplete Consumer Information in Laboratory Markets [J]. Journal of Environmental Economics and Management, 2002, 43 (1): 113-134.

[175] 周珂, 竺效. 环境法的修改与历史转型 [J]. 中国地质大学学报（社会科学版）, 2004, 4 (4): 73-79.

[176] 白平则. 人与自然和谐关系的构建: 环境法基本问题研究 [M]. 北京: 中国法制出版社, 2006.

[177] 贾秀芹, 常虹. 环境标志国际比较研究——以中日环境标志发展情况比较为例 [J]. 环境与可持续发展, 2013, 38 (6): 70-71.

[178] 陈逸群, 刘晓飞. 环境标志——实现绿色消费的重要手段 [J]. 世界环境, 2017 (4): 58-59.

[179] 湛卢. 论我国环境标志制度的完善 [J]. 现代商业, 2015 (3): 258-259.

[180] 刘晶, 汪澜. 中国环境标志在水泥行业的应用现状 [J]. 商品混凝土, 2016 (4): 28-30.

[181] 戴宏民, 戴佩华. 绿色包装的评价标准及环境标志 [J]. 包装世界, 2007 (2): 74-77.

[182] 叶岚, 王有强. 基层智慧监管的政策过程与创新机制——以东部沿海城市区级市场监管部门为例 [J]. 中国行政管理, 2019 (8): 35-40.

[183] AMACHER G S, KOSKELA E, OLLIKAINEN M. Environmental quality competition and eco-labeling [J]. Journal of Environmental Economics & Management, 2004, 47 (2): 284-306.

[184] CASTKA P, PRAJOGO D. The effect of pressure from secondary stakeholders on the internalization of ISO 14001 [J]. Journal of Cleaner Production, 2013 (47): 245-252.

[185] DELMAS M A, BURBANO V C. The drivers of greenwashing [J]. California Management Review, 2011, 54 (1): 64-87.

[186] BRéCARD D. Consumer confusion over the profusion of eco-labels: lessons from a double differentiation model [J]. Resource and Energy Economics, 2014 (37): 64-84.

[187] HARBAUGH R, MAXWELL J W, ROUSSILLON B. The Groucho effect of uncertain standards [R]. 2006.

[188] HOUE R, GRABOT B. Assessing the compliance of a product with an eco-label: from standards to constraints [J]. International Journal of Production Economics, 2009, 121 (1): 21-38.

[189] FRIEDMAN D. Evolutionary games in economics [J]. Econometrica, 1991, 59 (3):

637-666.

[190] HOFBAUER J, SIGMUND K. Evolutionary game dynamics [J]. Bulletin of the American Mathematical Society, 2003, 40 (4): 479-519.

[191] CAMERON I, GANI R. Adaptive Runge-Kutta algorithms for dynamic simulation [J]. Computers & Chemical Engineering, 1988, 12 (7): 705-717.

[192] SANDHOLM W H, DOKUMACI E, LAHKAR R. The projection dynamic and the replicator dynamic [J]. Games & Economic Behavior, 2008, 64 (2): 666-683.

[193] FRIEDMAN D. On Economic Applications of evolutionary game theory [J]. Journal of Evolutionary Economics, 1998, 8 (1): 15-43.

[194] SURYANI E, CHOU S Y, HARTONO R, et al. Demand scenario analysis and planned capacity expansion: a system dynamics framework [J]. Simulation Modelling Practice & Theory, 2010, 18 (6): 732-751.

[195] KARNOPP D, ROSENBERG R, PERELSON A S. System dynamics: a unified approach [J]. IEEE Transactions on Systems Man & Cybernetics, 2007, 6 (10): 724-724.

[196] 王一砚, 王怡, 潘玉, 等. 互联网碳金融的发展现状——以蚂蚁森林为例 [J]. 山西农经, 2018 (9): 111-112.

[197] 胡胜, 侯海龙, 李剑. 关于支付宝运营模式中蚂蚁森林发展趋势及前景研究 [J]. 西部皮革, 2018, 40 (22): 75-78.

[198] VAN GOSSUM P, ARTS B, VERHEYEN K. "Smart Regulation": can policy instrument design solve forest policy aims of expansion and sustainability in flanders and the netherlands? [J]. Forest Policy and Economics, 2012, 16 (8): 616-616.

[199] JORDAN N D, LEMKEN T, LIEDTKE C. Barriers to resource efficiency innovations and opportunities for smart regulations—the case of Germany [J]. Environmental Policy and Governance, 2014, 24 (5): 307-323.

[200] KATHERINE E KONSCHNIK, et al. Shale gas development: a smart regulation framework [J]. Environmental Science & Technology, 2014, 48 (15): 8404-8416.

[201] 刘鹏, 李文韬. 网络订餐食品安全监管: 基于智慧监管理论的视角 [J]. 华中师范大学学报 (人文社会科学版), 2018, 251 (1): 1-9.

[202] 陈季修, 刘智勇. 我国食品安全的监管体制研究 [J]. 中国行政管理, 2010 (8): 61-63.

[203] 王虎峰, 甘铁立. 新时期的卫生行业综合监管: 根由、路径及价值考量 [J]. 中国行政管理, 2018 (10): 17-25.

[204] 郝素利. 特种设备安全监管新模式: 多中心治理 [J]. 中国科技论坛, 2018, 267 (7): 15-23.

[205] 薛澜, 张帆. 推广"双随机、一公开"机制 完善监管改革 [N]. 经济日报, 2016-10-30.

[206] 孔庆山, 张芹, 杨蕙馨, 等. "双随机、一公开"产品质量监管模型研究 [J]. 中国管理科学, 2021 (3): 1-15.

[207] RIZQIYANA I, WAHYONO W. The influence of eco-brand, eco-labelling and environmental advertisement on consumer purchasing behavior through brand image [J]. Management Analysis Journal, 2020, 9 (2): 211-220.

[208] 王建明,孙彦. 定制化信息对家庭节能行为决策过程影响的追踪研究[J]. 心理科学进展,2018,26(4):571-583.

[209] CHEN M-S, CHANG H-J, HUANG C-W, et al. Channel coordination and transaction cost: a game-theoretic analysis [J]. Industrial Marketing Management, 2006, 35 (2): 178-190.

[210] YANG S, ZHAO D. Do subsidies work better in low-income than in high-income families? Survey on domestic energy-efficient and renewable energy equipment purchase in china [J]. Journal of Cleaner Production, 2015 (108): 841-851.

[211] 赵立祥,王丽丽. 消费领域碳减排政策研究进展与展望[J]. 科技管理研究,2018,38(3):239-246.

[212] NIE P, CHEN Y, YANG Y, et al. Subsidies in carbon finance for promoting renewable energy development [J]. Journal of Cleaner Production, 2016 (139): 677-684.

[213] LI J, SUN C. Towards a low carbon economy by removing fossil fuel subsidies?[J]. China Economic Review, 2018 (50): 17-33.

[214] JIN J, ZHAO Q. Eco-labelled product consumption analysis and incentive-penalty mechanism design by using a system dynamics approach [J]. Computers & Industrial Engineering, 2021 (153): 107055.

[215] GUO D, CHEN H, LONG R. How to involve individuals in personal carbon trading? A game model taking into account the heterogeneous emotions of government and individuals [J]. Natural Hazards, 2019, 95 (1-2): 419-435.